예다은 지음

첫 휴가,

동남아시아

북노마드

첫 휴가, 동남아시아
© 예다은 2015

초판 1쇄 인쇄 | 2015년 5월 19일
초판 1쇄 발행 | 2015년 5월 30일

지은이. 예다은

펴낸이. 편집인. 윤동희

편집. 김민채 박성경
기획위원. 홍성범
디자인. 이진아
종이. 아르떼 190g(표지) MG크라프트 120g(커버) 그린라이트 80g(본문)
마케팅. 방미연 최향모 유재경
홍보. 김희숙 김상만 한수진 이천희
제작. 강신은 김동욱 임현식
제작처. 영신사

펴낸곳. (주)북노마드
출판등록. 2011년 12월 28일 제406-2011-000152호

주소. 413-120 경기도 파주시 회동길 216
문의. 031.955.1935(마케팅)
      031.955.2646(편집)
      031.955.8855(팩스)
전자우편. booknomadbooks@gmail.com
트위터. @booknomadbooks
페이스북. www.facebook.com/booknomad

ISBN. 979-11-86561-01-0   13910

www.booknomad.co.kr

첫
휴가,

예다은 지음

동남아시아

혼자라도 괜찮아,
싱가포르
말레이시아
태국
라오스,
길게 여행하기

북노마드

차례

프롤-
로그

Prologue

달콤한 길

유럽 여행을 마치고 동남아시아로 향하는 내게 사람들은 물었다. 바나나 팬케이크 트레일을 여행하러 가느냐고. 바나나 팬케이크 트레일이라니, 생각만으로도 군침이 넘어가는 이름이 아닐 수 없다. 서양의 배낭여행자들이 즐겨 찾는 곳마다 그들이 즐겨 먹는 팬케이크를 파는 카페가 생겨났고, 배낭여행자들은 그런 곳을 바나나 팬케이크 트레일이라고 부르기 시작했다. 어떤 장소에 대한 유래 치고는 귀엽고 낭만적이다.

먼 길을 떠나 이곳에 찾아든 배낭여행자들은 느긋하게 자기만의 방식으로 바나나 팬케이크 트레일을 유랑한다. 산티아고 순례길에서처럼 자아를 성찰하거나 쿵스라덴 트레킹에서처럼 대자연과 소통한다는 거창한 목적은 필요치 않다. 그저 느긋하고 다정한 마음으로 길 위에서 옷깃을 스치는 이들과 유쾌한 하이파이브를 나누는 것, 바나나 팬케이크 트레일에서만 맛볼 수 있는 달콤한 즐거움이 아닐까.

허름한 여행자

여행자는 가난할수록 한심할수록 왠지 모르게 근사해 보인다.
나는 대책 없이 한가롭고 허름한 여행자를 만나면 스르르 쉽게
마음을 연다. 어딘가에서 나사를 하나 빠뜨린 채 세상을 떠돌고
있는 모습을 보면, 나도 사실 그렇다며 나사가 빠져버린 나의 빈
틈을 쉬이 내보여줄 수 있는 까닭이다. 그때마다 한심하고 하찮
은 여행자의 삶은 한 뼘쯤 더 너그러워진다.

거지가 질투하는 대상은 백만장자가 아니라 좀더 형편이 나은
다른 거지라는 버트런드 러셀의 말처럼, 내가 부러워했던 것은
5성급 호텔에 머물며 호화롭게 여행하는 이가 아니라 그저 푼돈
을 아껴가면서 오래도록 여행하는 젊고 허름한 여행자들이었다.
일상에서라면 가난은 비루함이지만, 젊은 여행자에게 가난은 오
히려 철학이 되고 가치가 된다. 가난해도 비굴하지 않고 당당할
수 있는 것은 여행자의 특권이다.

서툰 발걸음

여행의 방법도 의미도 저마다 다르다. 누군가는 여름에 떠날 여행을 꿈꾸며 한겨울부터 마음이 들뜨고, 누군가는 대책도 없이 배낭에 옷가지만 챙겨 훌쩍 떠난다. 누군가는 자신을 비우기 위해 떠나고, 누군가는 가방을 채우기 위해 떠난다. 옳고 그른 것은 없다. 더 낫거나 모자란 것도 없다. 각자 꿈꾸는 여행이 다를 뿐이다.

어떤 호텔이나 리조트가 더 좋은 서비스를 제공하는지, 어떤 식당이나 레스토랑이 더 맛있고 유명한 곳인지는 그다지 중요하지 않다. 숙소는 마땅한 가격에 하룻밤 몸 뉘일 곳이면 충분하고, 식사는 씩씩하게 걸어 다닐 기운만 보충해준다면 길거리 음식조차 만찬이 된다. 여행은 다른 세상을 거닐고 다른 사람들과 옷깃을 스치며 다른 삶의 이야기를 알아가는 서툰 발걸음이다.

오랜 시간 나를 길들여온 일상의 울타리를 훌쩍 뛰어넘어 내가 먹던 것, 입던 것, 머물던 곳으로부터 아득히 멀어질 때에야, 비로소 여행은 시작된다. 그런 나의 여행은 언제나 불편함과 고단함을 동반하지만, 그것이 내가 꿈꾸는 여행임을 알고 있다. 그런 여행을 하는 데에는 큰돈이 필요치 않다. 다만 긴 시간을 홀로 외로이 보낼 다부진 마음, 때로 누군가와 즐거이 어울릴 다정한 마음이 필요할 뿐이다.

당신은 어떤 여행을 꿈꾸나요?

♦ 바나나 팬케이크 트레일: 생각만으로도 군침이 넘어가는 이름, 바나나 팬케이크 트레일Banana Pancake Trail은 배낭여행자들이 많이 찾아가는 동남아시아 주요 여행지를 일컫는 말이다. 서양 배낭여행자들이 즐겨 찾는 곳에는 여행자를 위한 게스트하우스, 카페, 레스토랑이 생기고 그곳에서 아침식사로 바나나 팬케이크를 서빙하기 때문에 '바나나 팬케이크 트레일' 이라는 말이 생겨났다.

바나나 팬케이크 트레일에 공인된 길이나 경로는 없다. 이는 바나나 팬케이크 트레일이 실제적인 길이나 루트이기보다 '실크 로드' 와 같이 개념적이고 상징적인 단어이기 때문이다. 동남아시아에서 배낭여행자들이 즐겨 찾는 곳이라면 어디든 바나나 팬케이크 트레일이라 불릴 수 있다.

일반적으로 '바나나 팬케이크 트레일'로 불리는 도시는 말레이시아의 페낭, 믈라카, 프렌티안 섬, 태국의 방콕, 빠이, 코파응안 섬, 코피피 섬, 라오스의 방비엥, 베트남의 하롱베이, 호이안, 하노이, 캄보디아의 시하누크빌, 시엠립 등이 있다.

한눈에
보는
여행 정보

Information

1. 여권과 비자

전자 여권을 준비하면 좋은 점

전자 여권은 내장되는 칩에 기존 여권에 수록되어 있던 정보가 한번 더 수록될 뿐만 아니라 각종 보안 기술이 적용되어 있어 좋다. 따라서 여권을 분실하더라도 여권 정보가 조작되어 악용되기는 쉽지 않다. 물론 일반 여권으로도 해외 출입국이 가능하다(단, 미국에 가는 경우에는 비자면제프로그램VWP을 이용하기 위해 반드시 전자 여권이 필요하다).

출국 전 여권 유효기간 확인

해외 여행시 여권 유효기간은 일반적으로 6개월 이상이 필요하다. 일부 국가는 입국시 유효기간 6개월 이상을 요구하고, 또다른 국가는 출구시 유효기간 3개월 이상을 요구한다. 이를 모르고 공항에 가서 비행기 탑승이 거부되는 경우도 드물지 않다. 여권 유효기간에 대한 기준은 각 나라별로 상이하니 불이익을 받지 않도록 여권의 유효기간을 미리 확인하도록 한다.

만약 급히 여권을 재발급받아야 한다면, 인천국제공항 3층 L, M 카운터 사이 외교통상부 영사민원 센터에서 출발 3시간 전까지 유효기간 연장이나 단수여권 발급이 가능(1시간 소요)하다. 현재 여권, 신분증, 항공권, 여권 사진 2장이 필요하다. (월~금요일, 9:00~17:00 / 032-740-2773)

동남아시아 주요 국가에서 요구하는 여권 유효기간

싱가포르, 말레이시아, 태국, 라오스를 비롯한 대부분의 동남아시아 국가들은 여권 유효기간이 6개월 이상이어야 입국이 가능하다. 따라서 6개월이 남은 여권으로 여행을 시작할 경우, 여행 도중에 유효기간 6개월 미만이 되어 입국을 시도하는 나라에서는 입국이 거부될 수도 있다. 또한 여권 유효기간이 6개월 미만으로 남은 경우, 무비자 적용이 되지 않거나 입국시 비자 발급이 되지 않을 수도 있으니 유의해야 한다. 특히 장기 여행을 준비한다면 여행 기간과 여권 유효기간을 미리 챙기도록 한다.

동남아시아 국가별 무비자 / 비자 발급 안내

국가 간 이동을 위해서는 원칙적으로 비자(사증, 입국허가)가 필요하지만, 국가 간 협정에 의해 비자가 면제되는 국가가 있다. 이 책에서 다룬 싱가포르(90일), 말레이시아(90일), 태국(90일), 라오스(15일)는 별도로 비자를 발급받지 않아도 대한민국 일반 여권 소지자가 무비자로 입국 및 정해진 기간 동안 체류가 가능하다.

그 외 베트남(15일), 필리핀(30일), 브루나이(30일) 등의 동남아시아 국가도 무비자 관광이 가능하다. 하지만 인도네시아(도착시 비자 발급, 30일/25달러), 미얀마(도착시 비자 발급, 28일/28달러), 캄보디아(도착시 비자 발급, 15일/30달러)의 경우 비자가 필요하다.

2. 짐 꾸리기

대도시나 휴양지에서처럼 한곳에 오래 머물거나 쇼핑을 많이 할 예정이라면 캐리어 가방이 여러모로 편리하다. 반면 소도시나 시골, 섬에 가거나 장기 여행을 하며 자주 이동을 할 예정이라면 배낭을 메는 것이 좋다. 40~60리터짜리 큰 배낭과 함께 간단한 짐을 챙길 수 있는 보조 가방이나 크로스 백을 준비하면 좋다.

당연한 얘기지만 짐은 단출하게 챙기는 게 좋다. 생존을 위한 짐과 생활 편의를 위한 짐을 구분해서 가방에 담아서 메보고 너무 무겁다면 생활 편의를 위한 짐들을 과감히 포기하도록 한다. 생활의 편의보다는 어깨를 짓누르고 발목을 붙잡는 족쇄가 될지도 모르니. 동남아시아는 날씨가 무더운 만큼 빨래가 금방 마르니 옷은 간단하게 챙긴다. 물가가 싼 편이니 현지에서 사 입는 것도 짐을 줄이는 좋은 방법이다.

3. 여행자 보험

'설마 무슨 일 있겠어?'라는 안일한 생각으로 몇 만 원 아끼려다가 사고나 분실로 큰돈이 나갈 수도 있다. 단기 여행부터 장기 체류까지 여행자를 위한 다양한 보험 상품을 살펴보고 반드시 가입하도록 한다. 여행자 보험을 가입할 때 먼저 여행자의 나이, 여행 기간, 여행 국가 등의 정보로 보험금 산출이 가능하다. 다음으로 고려해야 할 사항은 보험의 보장 범위 및 보상 내용과 한도이다. 여행중 발생한 상해 및 질병으로 인한 치료비, 소지품 도난 및 분실에 대한 보상 등의 범위에 대해 확인해야 한다. 도난이 아닌 본인 과실로 인한 파손이나 분실의 경우 보상이 되지 않으므로 주의해야 한다. 또한 스쿠버다이빙, 번지점프, 패러글라이딩 등 위험을 수반하는 활동으로 인한 손해는 보상이 어렵다. 여행자 보험은 각 보험사의 인터넷 홈페이지나 여행사, 환전 은행, 공항 등에서 가입할 수 있고, 일반적으로 인터넷으로 가입하는 것이 가장 저렴하다.

4. 숙소의 종류 및 예약 방법

게스트하우스 / 호스텔

게스트하우스나 호스텔은 배낭여행자에게 가장 일반적인 숙박 형태이다. 호텔이나 리조트보다 가격은 저렴하지만, 방이나 부엌, 화장실을 함께 써야 하고 수건이나 세면 용품 등이 무료로 제공되지 않아 불편한 점도 많다. 반면 다른 배낭여행자들과 어울릴 기회가 많은 편이다. 숙소를 고를 때는 아래의 내용을 고려하도록 한다.

ㅇ 객실 종류
싱글 / 트윈 / 더블 / 도미토리(남녀 공용 / 여성 전용 / 남성 전용)

ㅇ 편의 시설
주방 / 휴게실 / 세탁 시설 / 와이파이 / 에어컨 / 샤워실 / 짐 보관 락커 / 아침식사 포함 여부 / 수건 및 침대 커버 제공 여부 등

ㅇ 위치
짧게 머무른다면 공항버스 정류장이나 기차역, 버스터미널과 가까운 곳, 길게 머무른다면 주요 관광지와 가깝거나 교통이 편리한 시내 중심가가 좋다.

○ 예약 취소 규정

웹이나 앱으로 예약한 경우, 신용카드 정보를 입력하고 보통 10퍼센트의 예약금을 내고, 나머지는 체크인시 결제한다. 숙소에서 정해둔 취소 기간 내 취소할 경우 보통 10퍼센트의 예약금만 환불이 되지 않는다. 예약한 날에 통보 없이 나타나지 않을 경우, 보통 신용카드로 1일치 혹은 그 이상의 숙박비가 자동 청구될 수 있으니 주의하자.

○ 주요 예약 웹사이트

호스텔부커스 www.hostelbookers.com

호스텔월드 www.hostelworld.com

부킹닷컴 www.booking.com

호텔 / 리조트

동남아시아는 물가가 낮아서 미국이나 유럽 등에 비해 저렴하게 호텔에 머무를 수 있다. 단, 싱가포르나 쿠알라룸푸르, 방콕과 같은 대도시의 고급 호텔은 동남아시아 물가가 무색하게 비싼 편이다. 여행사의 호텔/리조트 프로모션이나 비수기를 노리면 가격 대비 좋은 숙소를 구할 수 있다.

○ 주요 예약 웹사이트

익스피디아 www.expedia.com

아고다 www.agoda.com

호텔스닷컴 www.hotels.com

에어비앤비

현지인의 집과 여행자를 연결해주는 신개념 숙소 시스템이다. 현재 190개국, 3만 4천 개 도시에서 호텔보다 저렴한 가격으로, 게스트하우스나 호스텔보다는 편리하게 머물 곳을 찾을 수 있다. 다만 숙소의 질이 보장되지 않는 만큼 미리 리뷰 등을 꼼꼼히 살펴보고 방을 구해야 한다. 웹사이트나 앱에서 여행할 장소와 날짜를 입력하면 이용 가능한 숙소의 리스트가 추려지고, 그중 마음에 드는 숙소를 골라 주인에게 숙박 가능 여부를 물으면 된다. 결제는 웹사이트를 통해 신용카드로 할 수 있다.

○ 웹사이트

www.airbnb.co.kr

카우치 서핑

숙박 요금과 교통 요금은 여행 비용에서 가장 높은 비중을 차지한다. 숙박비를 줄이기 위해 여행자 커뮤니티인 카우치 서핑couch surfing을 이용하면 현지인의 집에 무료로 숙박이 가능하다. 단, 돈을 지불하지 않는 만큼 이름 그대로 카우치(소파)에 머물게 될 수도 있다. 호스트Host, 집주인가 신뢰할 만한 사람인지는 그 전에 묵었던 게스트들의 리뷰를 통해 꼼꼼하게 살펴볼 수 있다. 물가가 비싸 숙박비가 부담되는 곳이라면 시도해볼 만한 방식이다.

○ 웹사이트

www.couchsurfing.org

5. 여행하기 좋은 시기

동남아시아의 위치는 적도에 가까운 열대 지방부터 북위 22~28도의 아열대 지방까지를 아우른다. 사계절 내내 더운 편이고, 여행하기 좋은 시기는 대체로 비가 적게 내리는 건기이다. 싱가포르는 10~1월은 우기이지만 장마는 아니라서 여행하기에 무리는 없다. 말레이시아는 우기를 제외한 3~10월이 여행하기에 좋다. 태국과 라오스는 건기인 11~2월이 강수량도 적고 기온도 비교적 낮아 여행하기 좋다.

6. 동남아시아 저가 항공

동남아시아는 유럽과 오세아니아, 동아시아를 잇는 항공교통의 요지이다. 에어아시아, 세부퍼시픽, 타이거항공 등 다양한 저가 항공을 만나볼 수 있다. 서너 달 미리 예약하는 얼리버드 항공권 프로모션이 연중 수시로 진행된다. 항공권이 저렴한 대신 기내 서비스는 거의 없으며 수하물 규정이 까다롭고 취소나 예약 변경이 어려운 경우가 많으니 규정을 꼼꼼히 확인하고 예약하자.

○ 저가 항공 웹사이트
에어아시아 www.airasia.com
파이어플라이 www.fireflyz.com.my
타이거항공 www.tigerairways.com
스쿠트항공 www.flyscoot.com
젯스타 www.jetstar.com
세부퍼시픽 www.cebupacificair.com
녹에어 www.nokair.com

7. 동남아시아 장기 여행

물가가 저렴한 동남아시아는 장기로 여행하기에 적합한 장소다. 장기 여행을 계획한다면 이 책에서 다루고 있는 싱가포르, 말레이시아, 태국, 라오스에 이어 미얀마, 베트남, 캄보디아, 인도네시아, 필리핀을 함께 이어서 여행하면 좋다. 한국에서는 주로 휴양이나 단기 관광으로 동남아시아를 찾지만 유럽이나 미국, 호주 등 서구권에서는 몇 개월씩 동남아시아를 장기 여행하는 경우가 흔하다.

8. 국가별 통화 및 환율 정보

싱가포르
싱가포르달러(SGD) / 1S$=약 830원
말레이시아
링깃(MYR) / 1링깃=약 320원(3링깃이 약 1,000원)
태국
바트(THB) / 1바트=약 33원(30바트가 약 1,000원)
라오스
킵(LAK) / 1킵=약 0.14원(7,000킵이 약 1,000원)

* 라오스 킵은 한국에서 환전할 수 없다. 태국 바트나 미국 달러를 준비해서 라오스에서 환전하도록 한다.

9. 표준시 / 국가 번호 / 전압

싱가포르
한국보다 1시간 느림 / 국가 번호 65 / 220~240V, 3핀 콘센트
말레이시아
한국보다 1시간 느림 / 국가 번호 60 / 200~240V, 3핀 콘센트
태국
한국보다 2시간 느림 / 국가 번호 66 / 220V, 멀티 콘센트
라오스
한국보다 2시간 느림 / 국가 번호 856 / 200V, 멀티 콘센트

* 싱가포르와 말레이시아는 멀티탭 어댑터가 필요하고, 태국과 라오스는 원형과 일자형을 모두 사용할 수 있지만 멀티탭을 이용하는 것이 전자 제품의 수명에 좋다.

10. 국가별 교통편 예약 정보

싱가포르 & 말레이시아 버스
www.easybook.com, www.busonlineticket.com
말레이시아 기차
intranet.ktmb.com.my
태국 기차
www.thairailticket.com
태국 버스
www.belltravelservice.com

11. 위급 상황 대처 요령

여권을 분실하면?

일반적으로 여권을 분실했을 때 절차는 다음과 같다. 먼저 현지 경찰서에서 분실 확인서police report를 작성하고, 대사관/영사관에 가서 여행자 증명서(임시 여권)를 발급받을 수 있다. 여행자 증명서(임시 여권)를 발급받을 때는 이전 여권 사본, 분실 확인서, 여권용 사진, 귀국 항공권, 여권 재발급 사유서 등이 필요하다. 단, 주말에는 대사관이 여권 업무를 보지 않는다.

　　○ 주싱가포르 대한민국 대사관

　　주소 47 Scotts Road #08-00 Goldbell Tower Singapore

　　전화번호 65-6256-1188

　　운영 시간 월~금요일 09:00~12:30, 14:00~17:00

　　웹사이트 sgp.mofa.go.kr

　　○ 주말레이시아 대한민국 대사관

　　주소 No. 9&11, Jalan Nipah, Off Jalan Ampang, 55000 Kuala Lumpur, Malaysia

　　전화번호 603-4251-2336/4904

　　운영 시간 월~금요일 08:30~12:00, 13:30~17:00

　　웹사이트 mys.mofa.go.kr

　　○ 주태국 대한민국 대사관

　　주소 23 Thiam-Ruammit Road, Ratchadapisek, Huay-Kwang, Bangkok 10310 Thailand

　　전화번호 662-247-7540/7541

　　운영 시간 월~금요일 08:30~11:30, 13:30~16:00

　　웹사이트 tha.mofa.go.kr

○ 주라오스 대한민국 대사관

주소 Lao-Thai Friendship Road, Ban Watnak, Sisattanak District, P.O.Box 7567 Vientiane, Lao PDR

전화번호 856-21-352-031

운영 시간 월~금요일 08:30~12:00, 14:00~17:00

웹사이트 lao.mofa.go.kr

신용카드를 분실하면?

해외에서도 분실 신고를 할 수 있는 전화번호가 신용카드 뒷면에 적혀 있다. 만약을 대비하여 신용카드사 전화번호를 따로 메모해두도록 하자. 분실 즉시 신고해야 타인이 사용하는 것을 막을 수 있다. 신용카드 도난 및 분실로 인해 부득이하게 궁핍한 상황에 놓였을 경우, 국내에 있는 지인이 외교부 계좌로 입금(최대 3천 달러)하면 재외공관(대사관, 총영사관)에서 현지화로 전달받을 수 있는 제도가 있다.

○ 영사 콜 센터

국내 02-3210-0404

국외 (현지 국가 번호)-800-2100-0404

소지품을 분실하면?

여행자 보험에 가입한 경우 현지 경찰서에서 도난 증명서를 발급받으면 귀국 후에 보험의 보장 내용에 따라 보상이 가능하다.

여행은
다른 세상을 거닐고
다른 사람들과
옷깃을 스치며
다른 삶의 이야기를
알아가는
서.툰. 발.걸.음…….

오랜 시간 나를 길들여온
일상의 울타리를 훌쩍 뛰어넘어
내가 먹던 것, 입던 것,
머물던 곳으로부터
아득히 멀어질 때에야,

'비로소' 여행은 시작된다.

01.
싱가포르

Singapore

싱가포르

동서양의 교차로에 놓인 싱가포르는 다양한 종교와 인종이 융화된 도시 국가이다. 여러 민족들이 무리 지어 살며 독특한 지역적 특색을 띤다. 대표적인 방문지로 차이나타운, 리틀 인디아, 아랍 스트리트가 있다. 작은 도시국가인 동시에 세계의 축소판이기도 한 싱가포르의 매력은 어느 한 지역이나 종교, 문화에 국한되지 않는다. 인종과 종교가 융화된 독특한 문화와 다양성에 대한 포용이 지금의 싱가포르를 만들어가고 있다.

주요 지역 살펴보기

○ 마리나 베이 & 올드 시티Marina Bay & Old City 2010년 개장 후 단숨에 싱가포르를 대표하는 건물로 자리매김한 마리나 베이 샌즈가 있다. 멀라이언 파크 안쪽으로 싱가포르의 역사를 간직한 건물과 박물관, 오페라 하우스가 자리하고 있다.

○ 리버 사이드Riverside 분위기 있는 레스토랑이나 바에서 식음료를 즐기기 좋다. 클락키Clarke Quay와 로버슨키Robertson Quay를 중심으로 번화해 있다. 리버 크루즈를 타고 시원한 강바람을 맞으며 유유히 강물을 따라 풍경을 즐겨도 좋다.

○ 차이나타운Chinatown 세계 어딜 가도 만날 수 있는 차이나타운. 활기찬 거리와 맛있는 음식, 값싼 기념품을 한자리에서 만나볼 수 있다.

○ 리틀 인디아Little India 싱가포르다운 깔끔함과 인도스러운 화려함이 묘한 조화를 이룬 거리이다. 힌두교 사원과 인도 음식점이 많다.

○ 아랍 스트리트Arab Street 아랍 스트리트에는 싱가포르보다 더 오랜 역사를 간직한 이슬람 사원이 있다. 트렌디한 숍과 카페가 늘어서 있는 '하지 래인'도 구경거리가 많다.

○ 센토사 섬Sentosa Island 센토사 섬은 유니버설 스튜디오와 해양 스포츠, 쇼핑과 골프, 카지노까지 다양한 재미를 누릴 수 있는 복합 관광 지역이다. 모든 것을 한 번에 누릴 수 있는 만큼 관광객들이 많고 물가가 비싸

다. MRT 하버프런트 역에서 내려 비보시티 3층에 가면 센토사 섬으로 가는 모노레일을 탈 수 있다.

둘러보기

○ 멀라이언 파크Merlion Park 싱가포르의 랜드마크인 해상공원이다. 멀라이언상이 내뿜는 시원한 물줄기에 무더위가 한풀 꺾이는 듯하다.

○ 보타닉 가든Batanic Gardens 바쁜 도심에서 벗어나 휴식을 취할 수 있는 공원. 인간이 지배하기 전 자연 그대로의 싱가포르는 이런 열대우림이 아니었을까. 해가 중천에 뜨기 전이나 기울 무렵이 여유롭게 산책을 즐기기 좋다. 오차드 거리에 직행 버스가 있다.

○ 나이트 사파리Night Safari 세계 최초의 야간 개장 동물원으로 트램을 타고 이동하며 자연에 방목된 동물들을 관람할 수 있다. 노골적으로 구경거리가 되는 동물원의 동물들과 달리 야생과 매우 유사한 환경에서 자연스럽게 서식하는 동물들의 모습을 볼 수 있다.

겪어보기

○ 풍요의 분수Fountain of Wealth 돌기 분수를 둘러싼 구조물이 높이 14미터나 되어 거대한 느낌을 준다. 풍수지리에 기반한 명당에 자리잡고 있는 이 분수에 손을 담그고 세 바퀴를 돌면 부자가 된다는 미신이 있다. MRT 시티홀 역에서 선텍 시티 단지 방향으로 도보 10분.

○ 호커 센터Hawker Centre에서 식사하기 싱가포르 구석구석에서 만나볼 수 있는 푸드 코트인 호커 센터에서 다양한 서민 음식을 값싸게 맛볼 수 있다. 차이나타운의 맥스웰 푸드 센터Maxwell Food Centre가 가장 유명하다.

○ 애프터눈 티Afternoon Tea 즐기기 영국의 식민 지배 시절 오후에 차를 마시는 문화가 전파되었다. 래플스 호텔에 위치한 티핀 룸Tiffin Room에서 15:30부터 17:30까지 티세트를 즐길 수 있다. 규모가 크지 않아 예약이

필요하다. 래플스 호텔과 같은 거리에 위치한 엑시스 바Axis Bar 역시 애프터눈 티와 달콤한 디저트로 유명하다.

○ 쿠데타 바Bar KuDeTa에서 야경 감상하기 마리나 베이 샌즈 꼭대기 층에 위치한 분위기 좋은 바에서 칵테일과 함께 싱가포르 최고의 야경을 360도 파노라마 뷰로 즐길 수 있다.

맛보기

○ 칠리 크랩Chilli Crab 칠리 크랩은 싱싱한 게를 토마토 칠리소스와 함께 볶아낸 요리로 싱가포르의 명물로 통한다. 통후추와 간장, 굴소스로 간을 한 페퍼 크랩Pepper Crab도 인기가 좋다.

○ 하이난식 치킨라이스Hainanese Chicken Rice 중국에서 전파된 요리로 닭고기 육수로 지은 밥 위에 닭고기를 얹어 나온다.

○ 피시 헤드 커리Fish Head Curry 인도 커리에 생선의 머리를 넣어 끓인 국으로 얼큰한 맛을 낸다. 인도 음식을 좋아한다면 도전해볼 만하다.

○ 열대 과일 주스Tropical Fruit Juice 열대 과일이 풍부한 열대 지역인 만큼 푸드 센터나 거리에서 값싸고 싱싱한 과일 주스를 만나볼 수 있다. 더위에 지칠 때 비타민과 에너지를 보충하기에 좋다.

쇼핑하기

○ 오차드 로드Orchard Road 오차드 로드는 싱가포르의 대표적인 쇼핑 거리이다. 화려한 외관부터 볼거리가 되는 아이온 오차드ION Orchard, 명품부터 중저가 브랜드까지 다양하게 입점한 파라곤Paragon, 10~20대를 겨냥한 313@서머셋313@Somerset 등이 있다.

○ 하지 래인Haji Lane 아랍 스트리트에 인접한 트렌디한 패션숍들이 모여있는 거리이다. 독특한 패션 아이템이나 기념품을 원한다면 하지 래인에 들르면 좋다.

행사 즐기기

○ 1월 타이푸삼Thaipusam 죄를 씻고 신께 감사를 비는 힌두교 축제

○ 2월 구정Chinese New Year Celebrations 차이나타운에서 전등 축제와 불꽃놀이 행사가 열린다.

○ 8월 싱가포르 독립기념일National Day Celebrations 1965년 말레이시아로부터 독립을 기념하는 행사

○ 9월 F1 그랑프리F1 Singapore Grand Prix 세계에서 유일한 야간 레이싱 경기가 진행된다.

○ 10월 하리 라야 하지Hari Raya Haji 전 세계 이슬람 신도들의 행사

○ 디파발리Deepavali 힌두교의 등불 축제

○ 12월 마리나 베이 싱가포르 카운트다운Marina Bay Singapore Countdown 매년 12월 31일 마리나 베이에 소원을 적은 공을 띄우는 행사

돌아다니기

싱가포르의 대표적인 대중교통은 전철인 MRT이다. 공항에서 시내로 가는 것도 가능하며, 주요 여행지가 대부분 MRT로 연결되어 있다. 시설이 쾌적하며 누구나 알아보기 쉽게 환승표지판과 노선도 등을 마련해 사랑 받는 교통수단이다. SMRT 홈페이지www.smrt.com.sg에서 노선도를 볼 수 있다.

여행 전야

암스테르담 국립미술관 건너편, 고흐의 이름을 딴 여행자 숙소에서 보내는 유럽 여행의 마지막 밤. 지난 여덟 달 동안 유럽과 아프리카를 여행하던 기억들이 파노라마처럼 스쳐간다. 결코 적응할 수 없을 줄 알았던 첫날의 낡고 허름했던 숙소가 떠오른다. 비좁고 어둑한 방을 가득 채운 이층 침대, 구석구석 발 디딜 틈 없이 입을 벌리고 있던 캐리어 가방들, 눅눅한 이불과 푹 꺼진 매트리스. 허약한 마음을 급습한 서러움에 베갯잇을 적시며 잠을 청하던 첫날밤, 이렇게 긴 여행을 하게 될 줄은 아직 몰랐다.

만약 리처드 도킨스의 '이기적 유전자' 이론을 여행자 세계에 적용한다면, 아마도 난 적자생존의 아주 좋은 예시가 될 것이다. 좋은 숙소를 찾아 비싼 값을 치르며 빠르게 여비를 탕진하고 귀국하는 대신 값싸고 허름한 숙소에 적응해 아주 긴 여행을 하고 있으니까. 유럽 여행의 마지막 밤, 가방만 풀면 어디든 내 집처럼 편안하고 익숙하다 느끼는 장기 여행자로 살아남은 나의 왼쪽 어깨를 오른손으로 툭툭 치며 그동안 수고했다고 격려해주었다.

내일이면 커다란 비행기에 올라타 유럽과는 또다른 새로움으로 가득한 동남아시아로 간다. 유럽은 끝이지만, 동남아시아는 시작이다. 긴 비행 끝에 땅에 발을 디디면 왠지 새로운 마음으로 힘차게 걸어갈 수 있을 것만 같다. 설렌다. 여행을 하는 중에 또다른 여행을 꿈꾸며 가슴이 두근거리다니! 마치 새로운 자극에 한눈파는 바람기 많은 애인이 된 것만 같아 암스테르담에 슬며시 미안해진다.

♦ 싱가포르로 가는 항공편: 한국에서 싱가포르까지는 6시간 반이 소요되며, 싱가포르항공과 대한항공, 아시아나항공의 직항 노선이 있다. 한국에서 말레이시아의 쿠알라룸푸르나 태국의 방콕 등 주요 도시로 저가 항공 에어아시아가 직항으로 운항된다.

유럽에서 싱가포르까지 비행시간은 12시간 반이 소요되며, 런던이나 파리, 암스테르담 등 유럽 주요 도시에서 영국항공과 싱가포르항공, KLM 등의 직항 노선이 있다.

마지막이라고 생각하니 별게 다 아쉽다. 끝이라는 말이 불러일으키는 상념에 젖어 주위를 둘러본다. 오늘만큼은 코끝에 맴도는 쿰쿰한 마리화나 냄새와 눈 풀린 젊은이들이 좀비처럼 어깨를 부딪치고 지나가는 이 숙소마저도 애틋하다. 세계 최장신 사람들의 국가답게 세면대 거울이 너무 높게 붙어 있어 까치발을 하고 거울을 봐야 하는 것조차 불편이 아닌 더치식 유머로 느껴진다. 건너편 도미토리 침대에 걸터앉은 눈 풀린 청년이 실실 웃으며 권하는 마리화나에 고개를 저은 채 야무지게 배낭을 꾸렸다. 초저녁부터 귀마개로 세상의 소리를 차단하고는 일찌감치 잠을 청했다. 오랜만에 긴 비행을 앞둔 탓에 잠을 덜 자두어야 비행기에서 푹 잘 수 있다는 사실을 깜박한 채. 푹 자고 일어나 기지개를 켜며 불쑥 깨달았지만 이미 늦었다. 아시아로 건너가자마자 적응해야 할 것에 날씨와 환율, 음식과 언어에 이어 시차가 추가되었다.

♦♦ 동남아시아 여행 루트: 동남아시아 여행 루트에 교과서 같은 모범 답안은 없다. 싱가포르에서 출발해 시계 방향으로 일주를 하거나 방콕에서 시작해 시계 반대 방향으로 돌아도 좋다. 다만 항공교통을 이용하기 편리한 싱가포르나 쿠알라룸푸르, 방콕에서 여행을 시작하고 끝내는 것을 추천한다. 동남아시아는 비행기나 기차, 버스, 배 등 교통수단이 다양하고 저렴한 편이다.

무계획 자유지상주의자

유럽에 머물던 내 마음의 나침반은 자연스럽게 다음 여행지로 동남아시아를 가리켰다. 아시아든 아프리카든 아메리카든 동서 남북 어디로 가든 상관없는 떠돌이 장기 여행자이지만, 한국에 서 멀어지면 왠지 모를 불안감이, 한국에 조금이라도 가까워지 면 익숙한 안도감이 든다. 동남아시아로의 여행은 일탈에 대한 욕망과 귀소에 대한 본능의 중간쯤 되는 타협안일 것이다. 언젠 가 돌아가고 싶지만 당장 돌아가고 싶지 않은 마음의 중간, 유럽 과 한국의 지리적 중간, 그곳에 동남아시아가 손을 흔들고 있다.

스키폴국제공항으로 향하는 내 손에는 싱가포르행 편도 티켓이 들려 있다. 왕복 티켓의 경제성보다는 조금 비싸더라도 편도 티 켓이 주는 자유로움을 동경한다. 여비가 떨어질 때까지 발길 닿 는 대로 계획 없이 여행을 하겠다는 생각이었다. 그런 '무계획 자유지상주의자'를 출입국 사무소에서 온종일 여권에 도장 찍는 일을 하는 사람이 이해해줄 리 없다. 싱가포르에 발을 디뎌보기 전부터 불법체류자가 아님을 증명하는 데 진땀을 빼야 했다.

♦ 싱가포르 입국하기: 싱
가포르는 국민소득이 5만
불이 넘는 선진국으로 편
도 티켓만 소지하고 있는
경우, 입국 심사가 까다로
워질 수 있다. 불법체류자
를 거르기 위해 출입국관
리소는 철저하게 입국자
를 심사한다. 만약 편도 티
켓으로 싱가포르에 가려면
싱가포르행 비행기를 타기
전부터 까다로운 질문에
답해야 할 것이다.

내 경우 동남아시아 중간
여정이었던 태국 핫아이발
치앙마이행 항공권을 보여
주며 싱가포르를 여행하고
떠날 것임을 증명했다.

◆◆ 싱가포르 기본 정보: 싱가포르는 인구 5백 만의 도시국가이다. 19세기 영국이 무역 거점이자 식민지로 삼았고, 1963년에는 잠시 말레이시아에 편입되었다가 1965년 분리 독립했다. 서울보다 조금 큰 면적에 서울 절반의 인구가 모여 산다. 인구의 7할이 중국인이고, 말레이계, 인도계가 뒤를 잇는다. 중국계 사람들이 많아 중국어가 가장 흔히 통용되지만, 영어로 소통하는 데에도 문제가 없다. 현재 싱가포르는 아시아의 금융 중심지이자 항공교통의 허브이다.

아침에 암스테르담을 떠나 열두 시간의 비행 끝에 싱가포르에 내려보니 또다시 아침이다. 비행기가 시간을 앞질러 날아가면서 밤을 증발시켜버린 탓이다. 비행기에서 긴 하루를 보낸 내 몸은 세포 하나하나까지 간절하게 밤을 원했지만 야속하게도 해가 말 갛게 솟아오른다. 세상 구석구석을 더듬듯이 가만가만 날이 밝아왔다.

긴 비행은 이렇듯 시간을 뒤죽박죽 어질러놓는다. 어디서부터 바로 잡아야 할지 알 수 없어 결국 뒤죽박죽해진 시간에 적응하는 수밖에 없다. 새로운 시작을 원하는 사람들에게 긴 비행은 시간의 단절을 통해 실질적이고도 낭만적인 출발선을 그어준다. 그래서일까, 긴 비행을 마칠 때면 늘 피곤하지만 설렌다.

공항을 나서 눈앞에 펼쳐지는 생경한 풍경과 습습한 공기에 바로 '어제'조차 꿈처럼 아득하다. 유럽이라는 한 페이지가 넘어가고 동남아시아라는 새로운 페이지가 펼쳐졌다. 종이 한 장 넘기듯 아주 가볍고 자연스럽게.

◆◆◆ 싱가포르 표준시: 한 국을 기준으로 베트남과 태국은 2시간의 시차가 나 는데, 그보다 더 서쪽에 있 는 싱가포르와 말레이시 아는 1시간밖에 시차가 나 지 않는다. 이는 과거 영 국의 식민지 시절 통치의 편의를 위해 홍콩 표준시 (UTC+8)를 사용한 것에서 기인한다.

식민 통치에서 벗어난 후에 도 홍콩, 중국과 같은 시간 대를 유지하는 것이 국제금 융거래에 유리하다는 경제 적인 이유로 표준시를 유지 하고 있다.

푸르스름한 향 내음을 뒤로하고
열대의 뜨거운 태양열 속으로
다시 한 발 내딛는다.
어디를 걷고 있는지
언제까지 걸어야 할지
모르는 채로…….

리틀 인디아

어젯밤 급하게 휘갈겨 쓴 주소가 별 어려움 없이 나를 숙소 앞으로 안내했다. 아직 직원이 출근하기 전이라 입구는 굳게 잠겨 있다. 건물 계단참에 걸터앉아 배낭을 끌어안고 잠시 눈을 붙인다. 레드선! 긴 여행이 단련시켜준, 어디서든 잠들 수 있는 기술을 순간 집중해서 발휘한다. 생각보다 일찍 출근한 여직원이 어깨를 톡톡 두드리기 전까지.

숙소에 체크인을 하고 바로 단잠을 자고 싶은 마음이 굴뚝같았지만, 체크인은 오후 세시 이후에나 가능하고 에어컨은 저녁 일곱시가 넘어야 틀어준단다. 그말인즉 세시부터 숙소에 머무를 수는 있지만 시원하게 낮잠을 잘 생각 따위는 하지 말라는 뜻의 완곡한 표현이다. 체크인까지도 아직 서너 시간이나 남았다. 휴게실 한편에 짐을 맡겨 놓고 지도 한 장을 얻어 거리로 나섰다.

멀리까지 구경 다닐 기운이 없어 숙소 근처 동네나 한 바퀴 돌아볼 작정이었다. 지도를 들여다보니 서너 블록 떨어진 곳에 '리틀 인디아'라는 지명이 눈에 띈다. 햇볕을 피해 상점의 차양 아래로 거닐다보니 점점 거리의 냄새도 음악 소리도 분위기도 인도와 비슷해진다. 공공질서가 엄격하고 거리가 깨끗하기로 유명한 싱가포르에서 만난 리틀 인디아는, 아마도 몇 백 년 후의 눈부시게 발전하고 정돈된 인도의 모습일 것만 같다. 다시 말해 내 생애 마주할 일 없는 인도라는 말.

세랑군 로드로 발을 내딛자 알싸한 향신료 냄새가 코끝에 감겼다 풀려난다. 어릴 적 감기와 알레르기 비염, 편도선염 등 온갖 기관지염을 달고 살았던 나는 후각과 미각이 둔감한 편이다. 맛집 기행이나 식도락에 취미가 없는 것은, 어쩌면 게으른 성격 탓이 아니라 둔감한 코와 혀 때문이리라. 음식 맛의 8할이 그 향에서 온다는 것을 깨달은 것은 고작 3년 전 처음 인도에 갔을 때였다. 그 향이 어찌나 강하던지 나는 2주 동안 바나나만 먹으며 연명할 정도였다. 리틀 인디아의 거리 풍경은 낯설지만 그 냄새는 인도에서의 기억을 고스란히 불러일으킬 만큼 생생하게 닮아 있다.

◆ 싱가포르의 종교: 다민족 국가인 싱가포르에서는 세계 4대 종교인 불교, 이슬람교, 기독교, 힌두교를 모두 만나볼 수 있다. 비록 국교로 지정된 종교는 없지만 각각의 종교마다 1~2일의 법정 공휴일이 지정되어 국가적 종교로 인정받는다.

◆◆ 리틀 인디아: 인도 사람들이 모여 사는 동네를 일컫는 '리틀 인디아'가 세계 곳곳으로 퍼져 나가고 있다. 세계 인구 6명 중 1명이 인도인이라는 산술적인 계산 결과만 놓고 보면 리틀 인디아는 가히 세계의 모든 차이나타운 옆에 어깨를 나란히 해야 마땅할 것이다.

싱가포르의 리틀 인디아에는 세랑군 로드를 중심으로 힌두 사원과 인도인이 운영하는 상점과 레스토랑이 모여 있다. 대표적인 힌두 사원은 스리 스리니바사 페루말 사원Sri Srinivasa Perumal Temple으로 관람은 무료이고 단정한 옷차림을 권한다.

만약 냄새가 색깔을 띤다면 리틀 인디아의 공기는 꽃분홍색과 샛노란색이 섞여 주홍빛을 띨 것이다. 꽃향기 같기도 하고 커리 향 같기도 하다. 진한 향신료 냄새를 중화시키는, 어쩐지 푸르스름한 빛을 띨 것 같은 또다른 향을 따라 발길을 옮기자 힌두 사원이 눈앞에 나타난다. 사원 앞마당에는 제멋대로 벗어놓은 신발들이 오도카니 주인을 기다리고 있다. 나도 신발을 벗고 어둑한 사원 입구로 들어섰다. 하얀 눈동자들이 희번덕 내게 쏠리는 것이 느껴진다. 두 손을 가지런히 모아 살짝 고개를 숙이자 부담스러운 시선들이 서서히 걷힌다. 기어코 내 움직임을 좇는 집요한 시선 하나를 떨치지 못한 채 힌두 사원을 찬찬히 돌아보고 나왔다.

푸르스름한 향 내음을 뒤로하고 열대의 뜨거운 태양열 속으로 다시 한 발 내딛는다. 어디를 걷고 있는지 언제까지 걸어야 할지 모르는 채로. 발밑에서 땅이 신음하고 있는 것만 같다. 너무 더워, 죽을 것 같아…… 라며. 푹푹 찌는 사우나에 들어가 모래시계를 뒤집어놓고 견디듯이 더위를 버티고 걸었다. 모래를 한 알 한 알 세듯이 시간이 째, 깍, 째, 깍, 더디게 흐른다.

싱가포르의 얼굴

♦ 싱가포르의 언어: 싱가포
르는 국가를 구성하는 여러
인종을 평등하게 존중하는
차원에서 중국어, 영어, 말
레이어, 타밀어(남인도어)
를 국가 공용어로 채택하고
있다. 다민족국가이자 무역
국가로서 언어 교육을 매
우 중시하여 각 인종 고유
의 언어 외에 영어를 필수
로 가르치는 정책을 시행하
고 있다.

싱가포르는 '동남아시아의 뉴욕'이라 불리는 인종의 도가니이며 다양성의 메카이다. 퇴근 시간 전철에는 많은 얼굴들이 타고 내렸다. 그 생김새가 어쩌나 일관성이 없는지 여기가 도대체 어디인지 혼란스럽다. 중국 같기도 하고, 인도 같기도 하고, 중동 같기도 하고, 미국 같기도 하다. 일관성 없는 얼굴들 덕분에 혼자 배낭을 짊어지고 다니는 동북아시아 출신의 여자인 나조차 풍경에 자연스레 녹아들 수 있었다.

상인이든 점원이든 행인이든 눈만 마주치면 내게 중국어로 말을 건다. 인구통계학적으로 동북아시아인의 외모를 가진 이들 중 열에 아홉은 중국인일 테니, 나를 중국인으로 오해하는 것이 당연하다. 그래도 같은 아시아인인데, 한국과 중국, 일본의 미묘한 다름 정도는 눈치채주었으면 하는 작은 소망을 품었지만 그 누구도 그 소망을 들어주지 못했다. 내가 이디오피아와 소말리아와 케냐에서 온 사람을 구별할 수 없는 것과 비슷하겠지, 생각하면 백번 이해가 된다.

사람들이 나를 중국인으로 오해하거나 말거나 아시아인라는 공통분모에 속했다는 사실만으로도 어딘가 마음이 놓이고 안전하다는 기분이 든다. 멜라닌 색소 부족이 의심되는 희멀건 피부만 아니라면 내 생김새는 언뜻 보기에는 중국계 싱가포르인으로 오해받기에 충분할 것이다. 굳이 입을 열어 그들과 나 사이에 놓인 언어의 장벽을 보여주기 전까지는.

덕분에 나를 돈 많은 외국인 관광객으로 오해해 누군가 죽자 살자 달려들어 무언가를 팔아대거나 택시비든 물건 값이든 다섯 배씩 불러대지는 않을 것이다. 싱가포르는 풍요로운 선진국이라서 어눌한 외국인 뒤통수를 치겠다는 사기꾼들이 즐비할 것 같지는 않다. 게다가 사기를 치고 도주하기에 이 나라는 작아도 너무 작지 않은가. 중국이나 미국 정도는 되어야 인생을 새로 시작할 가능성의 터전이라도 있지 않겠는가. 어쨌거나 죄를 짓고 살기에는 최악의 지리적 환경이다. 그런 이유로 '세상에서 가장 안전하고 깨끗한 나라'가 된 것일지도 모르겠다.

단편적이고 부정확한 몇몇 지식을 제외하면 나는 싱가포르에 대해 아는 것이 별로 없다. 나는 아시아에서 나고 자란 순도 100퍼센트의 아시아인이지만 그럼에도 이웃나라 중국과 일본을 제외한 다른 아시아 국가에 대해서는 백지처럼 새하얗게 무지하다. 무지의 핑계를 굳이 찾자면, 내가 읽고 배운 교과서는 상대적 약자였던 아시아 국가들에 대해 몇 줄 언급하지 않고 지나쳐버렸기 때문이다. 역사라는 것은 원래 승자에 의해 쓰이는 것이니까.

♦♦ 싱가포르의 화폐와 물가: 싱가포르의 화폐단위는 싱가포르 달러SGD이다. 1S$는 한화로 약 800~900원이다. 싱가포르는 동남아시아에서 가장 높은 물가를 자랑하는데, '서울이나 홍콩과 비슷하다고 보면 된다. 전철은 기본요금이 1.3달러(약 1,100원)이고 이동거리에 비례하여 정해진다.

호커 센터나 저렴한 식당에서의 밥 한 끼는 4~5달러(약 3~4천 원)이고, 술이나 담배 값은 한국보다 더 비싼 편이다.

하지만 세상은 종이 위에 쓰인 대로 화석처럼 굳어 있지 않고 끊임없이 조금씩 변화하고 있다. 과거의 패자가 이제는 세상을 이끌겠다고 꿈틀거리고 있으니까. 어쩌면 가장 역동적으로 몸부림치며 깨어나고 있는 곳이 바로 이곳, 싱가포르가 아닐까. 지리적으로는 가깝지만 심리적으로는 낯선 미지의 세계에 대한 호기심의 문이 끼이익- 열리기 시작했다.

Come as you are!

열심히 찾을 때는 꽁꽁 숨어 있던 네 잎 클로버가 우연히 짚은 잔
디밭에 빼꼼 얼굴을 내밀고 있는 것처럼, 반 년 전 런던에서 문을
두드릴 때는 굳게 닫혀 있던 기회가 지구 반대편 싱가포르에서
불쑥 찾아와 나를 어리둥절하게 만들었다.

지난 가을 런던을 베이스캠프 삼아 일도 하고 여행도 할 생각으
로 취업 비자를 받아 영국으로 건너갔다. 비싼 영국 물가를 감당
할 만한 적당한 일자리를 구해보려 했지만 만만치가 않았다. 대
영박물관 근처 베이커리에서 두어 달 아르바이트를 하며, 생활과
여행을 병행하고자 애썼지만 사실 생활도 여행도 아닌 시간을 보
내고 있었다. 결국 베이스캠프를 거둬 등에 짊어졌다. 그후로 반
년이 넘도록 달팽이처럼 느린 걸음으로 여행을 하고 있다. 만약
런던에서 그럴듯한 일자리를 구했더라면 나는 여행에 대한 욕망
을 잠재우고 정착과 안정의 기쁨을 누렸을 것이다. 이제야 돌이
켜보면 그렇게 되지 않아 다행이라 생각하지만.

싱가포르로 건너오기 일주일 전 외국계 벤처회사의 헤드헌터 A
로부터 이메일을 받았다. 몇 달 전 링크드인linked in, 비즈니스 네트워킹 사
이트에 올려두고는 까맣게 잊고 있었던 내 이력서를 보고 연락해
온 것이다. 그는 우연히도 나의 다음 여행지인 싱가포르에서 아
시아 지역 스카우트를 진행하고 있었다. 회사와 나에 대한 몇 통
의 이메일이 오갔다. 그는 싱가포르에 오면 가볍게 식사를 하며
얘기를 나눠보자고 만남meeting을 제안했다. 그가 만남이라고 말한
것이 실은 인터뷰라고 어렴풋이 짐작했다.

회사를 그만둔 지 일 년이 다 되어갔지만 언제쯤 다시 일을 하겠다는 대강의 계획이나 의지조차 없었다. 취업이란 멀고도 낯설게 느껴지는 말이었다. 당장 일을 할 생각은 없었다. 그럼에도 흥미로운 회사라는 생각에 이성보다 호기심이 먼저 고개를 끄덕여버렸다. 밑져야 본전, 밥이나 먹자는 생각으로 그의 제안을 수락했다.

나는 이메일 마지막에 8개월째 여행중이라서 격식을 갖춘 옷차림으로 인터뷰를 보기는 어려울 것 같다고 덧붙였다. 나의 하찮은 걱정에 대한 그의 답장은 한마디로 "Come as you are!(네 모습 그대로 와도 돼)"였다.

♦ 해외에서 취업 비자 받기: 한국은 유럽, 북미, 아시아 등 20여 개국과 워킹홀리데이 비자 협정을 체결 혹은 발효 예정이다. 만 18~30세 이하이고 특별한 결격사유가 없다면 비자 취득이 어렵지 않다. 워킹홀리데이 비자 협정이 체결되지 않은 나라라면, 취업 증명이 되어야 비자를 받을 수 있다.

해외에서 일을 하면서 틈틈이 여행을 할 수도 있고 여비를 벌 수 있다. 이는 한국뿐만 아니라 유럽이나 호주 등의 젊은이들에게도 널리 퍼진 방식이다. 워킹홀리데이 비자에 대한 정보 취득 및 신청은 외교부에서 운영하는 워킹홀리데이 인포 센터 홈페이지에서 가능하다.

○ 외교부 워킹홀리데이 인포 센터
www.whic.kr

♦♦ 해외에서 아르바이트 구하기: 각 나라마다 구인구직 정보를 찾을 수 있는 잡 센터나 웹사이트가 있다. 보통 웹사이트나 이메일을 통해 간단한 이력서를 전달하고 대면 인터뷰를 본다. 해당 언어가 유창하지 않더라도 단순 아르바이트 직종은 일자리를 구하는 일이 어렵지 않다.

전문성을 살려 경력을 쌓고 싶다면 급여가 적거나 무급인 인턴십을 구할 수도 있다. 해당 국가 언어 혹은 영어로 작성된 이력서와 취업 비자(국가에 따라 해당 국가기관의 취업 허가서), 해당 국가에서 개설한 은행 계좌 등을 미리 준비해두면 좋다.

♦♦♦ 싱가포르의 경제: 싱가포르는 홍콩과 어깨를 견주는 아시아 금융 허브이다. 외국인 투자를 장려하는 정책을 펴고, 영어와 중국어가 공용어로 사용되는 환경 등으로 많은 글로벌 기업들이 진출해 있다.

내게 맞는 신발

싱가포르에서의 이튿날, 시차에 적응하지 못해 오락가락하는 정신을 붙들고 약속 장소로 향했다. 평소 여행하던 차림 그대로 민소매 셔츠에 반바지를 입은 채로. A는 내 옷차림과는 정반대로 머리끝에서 발끝까지 세련된 비즈니스 맨의 모습이었다. 이 더운 나라에서 저런 양복을 입고 다니려면 분명 매일 아침 데오드란트로 샤워를 해야 할 것만 같다.

그를 따라 믿거나 말거나 싱가포르 사람들이 매우 '사랑한다'는 식당으로 향했다. A는 미국인이다. 미국 사람들은 사람이나 사물, 도시나 음식 등 가리지 않고 주어가 될 만한 모든 것들에 'Love'라는 동사를 서슴없이 갖다 붙인다. 나는 늘 그들이 말하는 'Love'의 진정성을 의심한다.

A와 나는 마주앉아 치킨라이스를 먹었다. 무슨 말을 해야 할지 잘 모를 때는 평소보다 밥을 더 오래 우물거리며 대답할 시간을 벌었다. 여행자들과는 가볍거나 진지하게, 짧거나 길게, 유쾌하거나 무심하게 많은 이야기를 나눴지만, 이번에는 평소와 다른 긴장감이 흐른다. 격식 없고 문법은 깡그리 무시한 스트리트 잉글리시를 내뱉으며 낄낄거릴 때가 아니다. 괜히 입이 무거워진다.

♦ 치킨라이스: 전통이나 정체성을 내세우기에 역사가 짧은 싱가포르를 대표하기에 '치킨라이스'가 적절한 음식 같다. 아시아의 주식인 밥에 다민족이 종교와 무관하게 먹을 수 있는 닭고기를 얹고, 손맛에 따라 미묘한 차이를 내는 향신료를 첨가한다. 정체성보다는 다양성과 융합의 삶을 살아내는 싱가포르 사람들의 삶이 배어 있는 듯한 음식이다.

그는 미소를 짓고 있었지만 예리한 눈빛으로 나를 관찰했고 깍듯한 말투로 나에 대해 물었다. 그는 식사가 끝나갈 즈음 제안을 풀어놓았다. 적어도 2주 안에 서울로 돌아가 팀에 합류를 해야 서비스 런칭에 무리가 없는데, 그때까지 합류할 생각이 있냐고. 천천히 생각해보고 대답해달라고 했지만 당장 대답을 듣고 싶어하는 표정이었다.

그가 제시한 조건과 기회는 혹시 사기는 아닐까 의심이 들 만큼 흥미진진했지만, 마음 한구석이 내키지 않는 것이 금방 먹은 점심이 얹힌 것만 같다. 동화처럼 유리 구두가 발 앞에 놓였지만 그것을 신기 위해서는 여행하느라 거칠고 평평해진 발을 애써 구겨 넣어야만 한다. 어떻게든 신을 수는 있을 것 같지만 그것을 신고 제대로 걸을 수 있을 것 같지는 않았다. 맞지 않는 신발이라는 직감.

누군가 고용을 하고 명함을 만들어주고 월급을 주는 것은 아니지만, 나는 스스로를 여행자라고 믿고 있었다. 그것이 지금 내게 어울리는 자리라고 생각했다. 내 안에는 갑자기 여행을 중단하고 어떤 일에 뛰어들 만한 동기가 없었다. 물론 돈이 떨어져간다는 외적 동기는 있었다. 그 때문에 사랑 없는 결혼생활에 갇혀버린 안나 카레니나처럼 열정 없는 직장생활에 갇혀 불행해지고 싶지 않았다. 아직 한창 젊으니까 돌아가서 뭐라도 밥벌이쯤은 할 수 있을 거라는 근거 없는 자신감도 있었다.

1그램의 가벼운 고민 끝에 내린 아주 쉬운 결정. 지금 내게 주어진 시간을 온전히 여행을 위해 쓰기로 했다. 일상에서 한 발자국 떨어지면 세상이 달리 보인다. 행운이란 건 있어도 좋지만 없어도 괜찮은 거라고. 세 잎 클로버를 짓밟으며 네 잎 클로버를 쟁취할 필요는 없다고. 길 위에서의 시간들은 내가 진정 원하는 것이 무엇인지 마음에 귀 기울이는 법을 가르쳐주었다. 어쩌면 행복을 알아볼 줄 알게 된 것이야말로 여행에서 발견한 가장 큰 행운인지도.

버깃 트래블러

인터뷰를 마치고 A는 리무진 택시를 불러 기사에게 나를 가고 싶은 곳까지 태워다주라고 했다. 쾌활한 인상의 운전기사는 내게 어디로 갈지 물었다. 글쎄, 내가 그에게 묻고 싶은 말이다. 어디로 가면 좋겠느냐고. 내 머리는 사양이 낮은 컴퓨터처럼 버벅거리다가 이내 유명한 곳이나 가보자며 마리나 베이 샌즈를 떠올렸다.

리무진 운전기사는 꽤 젊어 보였다. 스무 살이라고 해도 믿을 수 있을 만큼 동안이었다. 내가 한국 사람이라고 하자 그는 3년 전인가 광주에 가본 적이 있다고 했다. 서울이나 부산이 아닌 광주를 이야기하는 외국인을 만나는 것은 꽤나 반갑고 신기한 일이다. 비록 나는 한 번도 광주에 가본 적이 없지만. 그는 운전기사를 하기 전까지 밴드에서 기타를 연주했다고 한다. 광주에서 열린 월드 뮤직 페스티벌에 뮤지션으로 참가해 무대에도 올랐었다고.

매끄럽게 잘 닦인 도로를 달리는 동안 나는 운전대를 잡은 그의 손을 힐끗 훔쳐보았다. 그가 리무진을 모는 지금의 삶에 만족하는지, 지루한 운전 따위 때려치우고 다시 기타를 치고 싶은지 나는 모른다. 하지만 그의 손이 언젠가 다시 기타를 연주하고 그 음악을 듣는 사람들이 방방 뛰면 좋겠다고, 멋대로 생각해버렸다.

♦ 싱가포르의 교통수단: 싱가포르는 서울보다 조금 더 넓지만 도심을 중심으로 명소가 모여 있기 때문에 MRT(전철)만으로도 이동에 불편이 없다. 1~3일 이내의 짧은 방문이라면 '투어리스트 패스Tourist Pass'를 구입하면 MRT와 버스를 무제한으로 탐승할 수 있다(1/2/3일권-20/26/30달러, 10달러는 보증금으로 이용 후 환불 가능). 대중교통 이용이 많지 않을 경우, 그때그때 1회권(1.3~2.5달러)을 이용하면 된다.

택시는 한국과 마찬가지로 기본요금에 거리 비례로 추가 요금이 부과된다. 기본요금은 3~4달러이고 거리에 비례한 요금도 합리적인 편이지만, 출퇴근 시간과 심야 할증이 25~50퍼센트가량 붙는다. 또한 공항과 마리나 베이 샌즈 등 일부 지역에 한해서는 지역별로 3~5달러 정도의 추가 요금이 붙는다. 해가 진 후에나 도심 관광 명소에서 택시를 타면 생각보다 비싼 요금이 나올 수 있으니 주의한다.

마리나 베이 샌즈는 세 개의 호텔 건물이 꼭대기 층에서 하나로 이어진다. 꼭대기 57층에는 세계 최고층 수영장으로 유명한 인피니티 풀Infinity Pool이 있다. 한 면이 유리벽인 이 수영장은 나처럼 물 공포증과 고소 공포증을 동시에 지닌 이들에게는 생각만으로도 아찔함을 불러일으킨다. 호텔에 투숙하지 않는 이상 이곳에서 할 일은 많지 않다. 돈을 쓰지 않고 할 수 있는 일이라고는 호텔 로비를 어슬렁거리는 것뿐이니까. 나는 번지수를 잘못 찾은 어눌한 피자 배달부처럼 로비를 어정쩡하게 기웃거리다가 이내 거리로 밀려 나왔다.

싱가포르는 배낭여행자에게는 그다지 어울리지 않는 부유하고 세련된 도시다. 주머니가 얇은 나는 근사한 호텔에서 애프터눈 티를 즐기거나, 유니버설 스튜디오에 가서 기념사진을 찍거나, 양손 가득 쇼핑백을 들고 명품을 구경 다닐 처지가 아니었다. 여행한 지 여덟 달, 날이 갈수록 한 푼이라도 더 아끼고자 구차하게 발버둥치는 내 모습 따위에는 무심한 듯 알량한 통장 잔고는 서서히 바닥을 드러내기 시작했다. 나는 그동안 일해서 모은 돈에 퇴직금까지 보태어 여비로 쓰고 있었다. 아낀다고 아껴 쓰는데도 어디 돈 새는 구멍이라도 뚫린 건지, 아님 나라는 인간 자체가 구멍인 건지 통장 잔고는 무섭게 줄어들었다.

◆◆ 마리나 베이 샌즈: 마리나 베이 샌즈Marina Bay Sands 57층에 위치한 클럽 쿠데타는 싱가포르 야경을 즐기기 좋은 곳으로 손에 꼽힌다. 클럽과 함께 꾸며진 스카이 가든을 산책하며 싱가포르의 360도 파노라마 뷰를 즐길 수 있다. 밤에 바라보는 싱가포르의 야경은 이브닝드레스를 입은 여인처럼 매혹적이다.

마리나 베이 샌즈에는 50여 개가 넘는 유명 레스토랑과 쇼핑몰, 카지노, 극장, 스파 등이 있어 휴양을 위해 싱가포르를 찾아오는 여행자들의 사랑을 받고 있다.

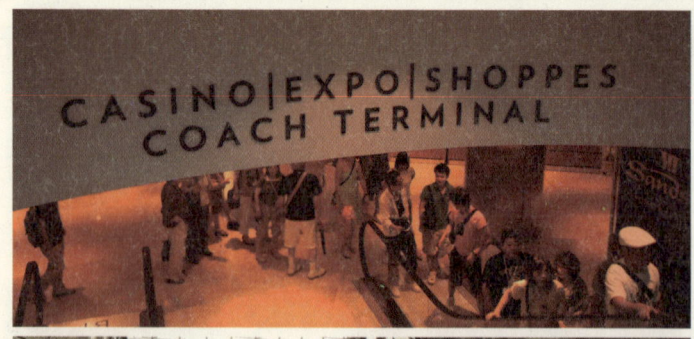

물론 가난하긴 했지만 대중교통 한번 못 타고 발이 부르트게 걸을 만큼 가난한 것은 아니었다. 사실 넉넉하긴 했지만 흥청망청 쓰다가는 집에 돌아가지 못할 수 있다는 걱정을 늘 가슴 한편에 품은 채로 넉넉했다. 가난하다는 것과 넉넉하다는 것은 결국 생각하고 마음먹기 나름인지라, 때론 가난한 마음으로 때론 넉넉한 마음으로 여행을 한다. 다만 싱가포르에서는 가난한 마음으로 씩씩하게 헤쳐나가보기로 마음먹었다.

이터널 선샤인

♦ 싱가포르의 날씨: 사계
절이 뚜렷한 나라에서 온
한국인들에게 싱가포르는
연중 무덥게 느껴진다. 싱
가포르는 북위 1도에 위치
한 적도 나라이기 때문이
다. 6월과 7월은 한국의 한
여름보다 훨씬 무덥고 습
하다. 한낮의 불쾌지수는
80퍼센트를 웃돈다.

11월에서 1월까지는 우기
라서 열대성 소나기인 스콜
Squall이 빈번하지만 여행에
지장을 줄 정도는 아니다.

호수 건너편으로 싱가포르의 상징인 사자 분수가 있는 멀라이언 파크를 향해 걸었다. 멀라이언 파크로 가는 길은 매끈하게, 오죽 매끈했으면 더위를 피할 그늘 한 점의 자비도 없이 매끈하게 뻗어 있었다. 웅크린 고슴도치 같기도 하고 포장마차에 걸린 두리안 같기도 한 뾰족뾰족한 모습의 오페라 하우스, 에스플러네이드에 더위를 피하기 위해 들어갔다. 이제 겨우 절반쯤 걸어왔는데 땀이 비 오듯 쏟아진다. 절반쯤 걸어왔으니 돌아가든 계속 가든 비슷할 것이라는 맥 빠지는 사실을 동력 삼아 계속 걷기로 한다. 돌아가봤자 마리나 베이 샌즈에서는 돈 쓰는 것 말고는 할 일이 없으니 계속 갈 수밖에 없다.

마리나 베이 샌즈 앞으로 강이 바다와 합류하며 그려낸 동그란 만을 둘러싸고 싱가포르에서 키가 좀 크다 싶은 건물들이 모두 모여 압도적인 스카이라인을 그려낸다. 싱가포르의 스카이라인은 멋지다못해 위압적이기까지 하다. 마치 자본주의가 쌓은 거대한 성벽 같다. 이런 화려한 호텔과 타워, 쇼핑몰을 보며 덜 가진 이들이 느낄 상대적 결핍이나 박탈감은 어쩌면 절대적 가난보다 더 적나라해 수치심을 안겨줄지도 모르겠다. 화려한 것들 사이에서 누추한 것은 더 표가 나게 마련이니까. 복잡하고 미묘한 시선을 거두고 다시 걸었다. 갈 길은 멀고 태양은 뜨겁다.

구슬땀을 훔치며 걷는 내 옆으로 시티투어 버스가 지나간다. 버스에 탄 관광객들은 아마도 내가 살인적인 더위라는 말을 몸소 증명해 보이려는 줄 알았을 것이다. 어설픈 과학 지식이든 상식이든 경험적 앎이든 무엇이든 간에, 태양과 정수리가 직각을 이루는 시간에 적도에 맞붙은 나라를 양산도 모자도 없이 걷는다는 것은 분명 나방이 불구덩이에 달려드는 것처럼 무모한 행동이니까. 송골송골 맺힌 땀이 눈썹을 타고 흘러내릴 즈음 마침내 멀라이언 파크에 도착했다.

이곳에 온다고 특별한 풍경이 펼쳐지는 것은 아니다. 상반신 사자, 하반신 물고기의 멀라이언 동상이 내뱉는 물줄기에 기온이 0.5도쯤 낮아져 아주 조금 시원하다고 느낄 뿐. 뉴욕에 자유의 여신상이 있고, 파리에 에펠탑이 있듯 싱가포르에는 멀라이언상이 관광객들의 기념사진에 친히 배경이 되어준다. 더위에 지칠 대로 지친 사람들은 물줄기가 떨어지는 계단 근처까지 내려가 시원하게 튀는 물에 몸을 적시고 있다. 놀이터에서 노는 천진한 아이들처럼 웃고 있는 관광객들을 보면 알게 모르게 위로를 받는 기분이 든다. 그들이 겨우 사자가 뿜어대는 물이나 맞자고 비행기를 타고 수천 킬로미터를 날아온 것은 아닐 것이다. 아마도 낯선 풍경 앞에 걱정을 내려놓고 해맑게 웃으며, 일상의 비루한 감정을 씻어내고 상처를 치유하기 위해 이곳까지 온 게 아닐까. 그런 천진한 모습 앞에 마음이 누그러진다. 여행하지 않더라도 여행자를 보는 것만으로도 치유를 경험하게 된다.

♦♦ 멀라이언 파크: 싱가포르의 관광 명물이자 상징인 멀라이언Merlion은 인어Mermaid와 사자Lion의 합성어로 상반신은 사자, 하반신은 물고기 모양을 하고 있다. 멀라이언 파크는 강과 바다가 만나는 곳에 위치한 해상공원이다. 이곳에 있는 멀라이언상은 높이가 8.6미터이고 입에서는 시원하게 물이 뿜어나온다. 센토사 섬에도 멀라이언상이 있는데 이는 높이가 37미터에 달하며 전망대도 겸하고 있다.

콘크리트 정글

세 바퀴를 돌면 부자가 된다는 풍요의 분수가 싱가포르 어딘가에 있다고 들었다. 이러한 뻔한 미신 앞에 순진한 척 알면서 속아주는 게 내 취미라면 취미지만, 프라이팬을 올리면 당장 달걀 프라이라도 할 수 있을 것처럼 정수리를 뜨겁게 달구는 태양 아래 욕망이건 낭만이건 남김없이 증발해버렸다. 빈혈기 있는 노약자 몇 명쯤은 가볍게 잡아먹을 듯 이글거리는 태양 아래 그 분수를 세 바퀴 돌아 물질적으로 풍요로워지겠다는 바람은 터무니없다. 차라리 세상을 세 바퀴쯤 여행하며 정신적으로 경험적으로 풍요로워지고 싶다는 내 바람이 훨씬 더 이성적으로 들린다.

멀라이언 파크를 등지고 건물 숲으로 발을 내딛었다. 방향감각을 잃게 만드는 이곳을 사람들은 싱가포르의 '콘크리트 정글'이라 부른다. 고만고만한 빌딩에 둘러싸인 거리는 특색이 없어지고 오로지 그곳에서 일하는 사람이나 알아볼 법한 비슷비슷한 지표들만이 애매한 이정표 노릇을 하고 있다. 높다란 건물 틈으로 조각난 파란 하늘이 보인다.

더위를 식혀줄 한 줄기 바람이 보트키를 따라 불어와 이마를 쓸어 넘기며 지나간다. 하늘이 무슨 꿍꿍이인지 먹구름을 불러 모으더니 태양을 감춰버린다. 이내 장대비를 시원하게 쏟아붓는다. 노천에 차려진 테이블에 앉아 맥주 한 잔을 시켜놓고 하늘이 떨어지는 모습을 지켜보았다. 아무리 열대지방이라지만, 대책 없이 덥기만 하면 사람들이 미쳐버리지 않고는 못 배길 거다. 가끔씩 이렇게 시원하게 비를 뿌려 식혀주니 그나마 정신을 차리고 살아갈 수 있는 게 아닐까.

언제 그랬냐는 듯 새침한 표정으로 구름을 걷어내고 말갛게 웃는
하늘. 서편으로 해가 서서히 기운다. 숨 막히던 더위도 한풀 꺾여
가고 내 체력도 딱 그만큼 꺾여간다. 지도를 펼쳐보니 차이나타
운이 멀지 않다. 그곳에서 간단하게 저녁이나 먹어야겠다고 생각
하니 심장 아닌 위장이 두근거린다.

세상 모든 차이나타운은 신기하게도 사람이 많다. 아무리 인구밀
도가 낮은 나라라도 차이나타운만큼은 활기가 넘친다. 파고다 스
트리트와 트렝가누 스트리트를 휘적휘적 거닐었다. 콘크리트 정
글보다는 훨씬 정감이 가는 풍경이다. 머리 위에 대롱대롱 매달
린 홍등을 카메라에 담고 이런저런 싸구려 기념품을 구경하다가
만만한 식당에 들어가 딤섬 한 접시를 시켜 허기를 잠재웠다.

기온과 습도, 체력을 정교하게 계산해 적절한 운동량을 알려주는 인공지능 만보기(그런 게 있을 리 만무하지만)를 차고 걸었더라면, 이제 무릎이 나갈지도 모르니 그만 좀 걸으라고 경보를 울리고도 남았을 만큼 걷고 또 걸었던 하루였다. 미련 없이 당장 싱가포르를 떠나도 좋을 것처럼 보람찬 피로를 느꼈다. 이제는 시계바늘도 맥없이 축 늘어져 여섯시를 가리킨다. 숙소로 돌아가 샤워를 하고 에어컨의 부채질을 받으며 곤한 잠을 잘 생각을 하니 더는 바랄 게 없다.

♦ 지구의 축소판, 싱가포르: 싱가포르는 지구의 축소판 같다. 서울만 한 크기에 여러 민족들이 옹기종기 모여 살아가고 있다. 관광객들이 모여드는 마리나 베이 샌즈와 멀라이언 파크를 지나면, 세계 금융인들이 모여 있는 건물 숲이 나타난다. 그곳을 헤매다 강을 따라 거닐면 아기자기한 보트키와 클락키를 지나게 되고, 걸음을 이어가면 홍등이 대롱대롱 매달린 차이나타운이 나온다. 싱가포르를 도보로 다니다보면 구역과 구역이 묘하게 나뉘는 듯한 느낌을 받을 것이다.

건들건들 쭈뼛쭈뼛

싱가포르에서의 마지막 날, 다시 A를 만났다. 인터뷰를 했던 날 밤, 나는 내가 아는 모든 정중한 영어 단어를 짜깁기해서 그의 제안을 거절하는 메일을 보냈다. 그는 여행 도중에 시간을 뺏고 지루하게 해서 미안했다고, 아직 싱가포르에 있으면 저녁을 먹든 맥주를 한잔하든 다시 만나고 싶다고 했다. 삭막한 콘크리트 정글에 딱히 재미를 못 느낀 나로서는 거절할 이유가 없다.

전철역 앞에서 기다리고 있던 그는 넥타이를 푼 편안한 차림이었다. 특유의 깍듯함도 집에 두고 나왔는지 삐딱한 포즈와 건들거리는 말투로 다시 만나서 무척 반갑다며 손을 흔들더니 하이파이브를 하잖아. 아니, 누가 보면 십 년 만에 만난 친구인 줄 알겠다. 겨우 두번째 보는데 이렇게 반가워할 것까지야.

절제가 미덕인 나라에서 나고 자란 나로서는 지나치다 싶게 친밀감을 표하는 외국인들에게 어디까지 장단을 맞춰줘야 할지 몰라 촌스럽게 쭈뼛거리고 만다. 누가 보아도 별것 아닌 그저 그런 것들에 '판타스틱!'이라는 감탄사를 붙인다거나, 잠깐 만났다가 헤어지는데 네가 그리울 거라며 뜨거운 포옹을 해준다거나, 겨우 동전 몇 개 잘 맞춰 돈을 냈을 뿐인데 '브릴리언트!'하다는 칭찬을 해줄 때, 나는 어찌할 바를 몰라 난감한 표정을 지으며 머뭇거린다. 무뚝뚝한 나는 그들의 뜨겁고도 다정한 표현력이 부럽기도 하고 부담스럽기도 하다.

그렇게 다시 만난 A는 건들거렸고, 나는 쭈뼛거렸다.

♦ 산책하기 좋은 시간: 싱가포르에서 산책을 다니기 가장 좋은 시간은 오후 7시 이후, 해가 기울고 난 뒤다. 여행자들을 위한 저렴한 숙소에서는 그때부터 에어컨을 켜줄 테니 나가고 싶은 마음이 별로 들지 않을 수도 있지만, 그럼에도 거리로 나서면 또다른 모습의 싱가포르를 만나게 될 것이다.

한낮에는 아지랑이 신기루처럼 흐물흐물하던 거리가 밤이 되면 도도하고 우아한 모습으로 되살아난다. 싱가포르의 밤을 놓치지 말길.

싱가포르의 밤

A는 내게 어제와 오늘 어디에 가봤냐고 물었다. 나는 기억을 더듬어 가본 곳들을 우물우물 읊었다. 그는 내가 가보지 않은 곳이 있다며 내게 묻지도 않고 나를 그곳으로 데려가겠단다. 어디를 가고 싶으냐고 묻지 않아 고마웠다. 내게 그런 질문은 마치 미적분을 풀 줄 아냐고 물어보는 것과 비슷하니까.

택시를 타고 몇 블록의 거리를 지나 내린 곳은 어느 이슬람 사원 앞이었다. 혹시 메카를 향해 기도를 할 시간이라서 택시에서 내린 건가. 나는 그에게 무슬림이냐고 물었고, 그는 피식 웃으며 아니라고 대답했다. 우리 앞에 보이는 사원은 싱가포르에서 가장 오래된 이슬람 사원인 술탄 모스크이고, 이 동네는 '아랍 스트리트'라고 했다. 서울로 치면 대학로쯤 되는 젊음의 거리지 싶다. 그는 차가 오가는 거리에서 목숨이 하나라는 것을 잊은 듯 신호등 따위는 가볍게 무시하고 이 거리 저 거리를 무단 횡단했다. 뉴요커라는 것을 증명하기 위해 목숨까지 걸 필요는 없는데. 게다가 싱가포르에서는 법을 어기면 곤장을 때린다는 말도 있던데.

작고 트렌디한 숍들이 줄지어 있는 하지 레인을 타박타박 거닐었다. 삼청동이나 서촌 마을 같으면서도 어딘가 유럽의 뒷골목 같기도 한 느낌이다. 주변을 둘러보고 다시 술탄 모스크 앞으로 돌아왔다. 그에게 이제 정말 기도를 할 때냐고 물었고, 그는 다시 웃으며 아니라고 했다. 종교적이고 엄숙해야 할 것 같은 사원 근처 구석구석으로 시끌벅적한 펍과 레스토랑이 자리잡고 있다. 야외 테이블에 젊은이들이 삼삼오오 모여 앉아 잔을 부딪치고 있다. 우리도 그 틈에 자리를 잡고 맥주를 주문했다. 맥주는 정신이 번쩍 들 만큼 시원했다. 잊고 살았던 식도의 존재감을 일깨워주겠다는 듯이.

동방의 예의인 '짠'도 하지 않고 맥주를 훌쩍 비우며 그가 말했다. 다 내려놓고 몇 달째 여행하는 네가 부러워 한번 더 만나보고 싶었다고. 뜬금없이 인터뷰를 요청했던 것도 몇 달 째 여행하는 사람이라서 왠지 더 궁금했다고. 그런데 우습게도 일자리를 제안하면서도 네가 거절할 줄 알고 있었고, 솔직히 거절하길 바랐다고. 만약에 내가 너였더라도 이런 일보다는 세상을 더 둘러보고 싶었을 거라고. 만약에 내가 더 젊었더라면, 모든 것을 팽개치고 오로지 여행을 위한 여행을 떠났을 텐데 이제는 너무 멀리 와버린 것 같다고. if, if, if······ 그의 입술 사이로 새어나온 '이프'는 공기처럼 희미하게 들렸다. 희미한 그 발음처럼 만약이라는 말은 힘이 없다. 바람결에 언제든 사라져버릴 말이다.

자신감 넘치던 모습은 온데간데없고 그는 쓸쓸해 보였다. 건들건들하던 모습이 언제 이렇게 진지해진 건지. 그나저나 그의 말은 왠지 모르게 감동적이었다. 시원한 맥주를 마셨는데 뜨거운 국물을 들이켠 것처럼 가슴이 뭉클했다. 내가 생각하는 나는 가난하고 허름한 여행자일 뿐인데, 다른 이의 눈에는 희망찬 젊음으로 달리 비칠 수 있다는 것이. 그렇다면 지금의 나는 얼마나 빛나는 순간을 살고 있는 걸까.

맥주 두 잔을 비웠다. 무슨 이야기를 했는지는 다 기억나지 않지만, 기억해야 할 만큼 중요한 얘기는 아니었던 것 같다.

♦ 아랍 스트리트 & 하지 래인: 이슬람 지역인 아랍 스트리트에는 싱가포르에서 가장 오래된 이슬람 사원 술탄 모스크가 위치하고 있다. 아랍 스트리트에서 한 블록 떨어진 하지 래인은 500미터도 채 되지 않는 짧은 길이지만 트렌디한 카페와 작은 상점들로 가득해 구경거리가 많다. 낮에는 아기자기한 하지 래인을 거닐고, 밤에는 아랍 스트리트의 야외 테이블에서 시원한 맥주를 마시면 그만이다.

♦♦ 싱가포르에서 하지 말아야 할 것: 싱가포르는 '세상에서 가장 안전하고 깨끗한 나라'라는 자랑스러운 수식어를 갖고 있지만, 동전의 뒷면처럼 '벌금의 나라'라는 꼬리표도 함께 갖고 있다. 안전과 공공질서를 유지하는 데 반하는 행동을 할 경우 엄청난 벌금이 부과되기 때문이다.

무단 횡단은 최초 적발시 20S$(약 1만 7천 원)이지만 상습 적발자는 2천 S$(약 170만 원)까지, 금연 구역에서 흡연시 1천 S$(약 84만 원), 대중교통에서 음료나 음식 섭취시 500S$(약 42만 원), 껌을 씹으면 1천 S$, 쓰레기 투기시 1천 S$, 거리에서 침을 뱉으면 500S$, 심지어 화장실 변기 물을 안 내려도 150S$(약 13만 원), 가연성 연료를 지하철에서 소지하는 경우 5천 S$(약 420만 원)까지 벌금이 부과된다.

사복 경찰이 거리를 순찰하다가 벌금을 물리는 경우도 있으니 어디에서나 공공질서를 잘 지키도록 한다.

02.
말레이시아

Malaysia

말레이시아

인도차이나반도부터 보르네오 섬까지 길게 뻗은 말레이시아는 때 묻지 않은 천혜의 자연경관을 잘 간직하고 있는 나라다. 말레이시아의 공식 종교는 이슬람교이고 무슬림 여성들은 히잡Hijab이나 투둥Tudung을 두르고 노출을 금기시한다. 언뜻 보수적인 듯 보이지만 말레이시아 문화의 이면은 다채롭고도 활기차다. 깊숙이 발을 들인 여행자에게 누구나 환한 미소를 지으며 마음을 열어준다.

맛보기

○ 나시 고랭Nasi Goreng 야채와 고기를 넣어 볶은 말레이식 볶음밥. 달걀, 오이, 닭다리 등을 곁들여 먹기도 한다.

○ 미 고랭Mee Goreng 굵은 면발의 국수를 달걀, 야채와 함께 볶아낸 요리.

○ 나시 르막Nasi lemak 코코넛 밀크로 지은 밥과 말레이식 반찬이 한 접시에 나온다.

○ 차퀘티아우Char Koay Teow 해산물과 숙주나물, 계란과 함께 볶은 중국식 국수.

○ 케Kuih 후식으로 먹는 말레이식 떡. 코코넛 밀크가 들어가 달콤하다.

○ 열대 과일 망고, 람부탄, 두리안, 파파야, 망고스틴, 코코넛, 용과 등 열대 과일이 풍부하다.

행사 즐기기

○ 1월 타이푸삼Thaipusam 죄를 씻고 신께 감사를 비는 힌두교 축제

○ 2월 구정Chinese new year celebrations 차이나타운에서 전등 축제와 불꽃놀이 행사가 열린다.

○ 5월 카마탄 페스티벌Kaamatan Festival 사바Sabah 지역의 추수 감사 축제

○ 6월 컬러 오브 말레이시아Colours of Malaysia 다민족, 다문화를 융화시키

는 축제

○ 7~8월 하리 라야 푸아사Hari Raya Puasa 라마단이 끝나는 날로 이슬람 최대 명절

○ 8월 하리 메르데카Hari Merdeka 영국으로부터 독립을 기념하는 행사

○ 10~11월 디파발리Deepavali 힌두교의 등불 축제

① 쿠알라룸푸르

주요 지역 살펴보기

○ 부킷 빈탕Bukit Bintang 쇼핑과 관광의 중심지이다. 관광객을 상대로 하는 고급 마사지 숍, 레스토랑, 바, 호텔 등이 많다.

○ 술탄 이스마일Sultan Ishmail 페트로나스 트윈 타워와 KLCC 공원을 에두른 지역으로 쿠알라룸푸르를 여행하는 이들이 꼭 한번 찾아가는 곳이다.

○ KL 센트럴KL Central 쿠알라룸푸르에서 말레이시아 곳곳으로 이어지는 교통의 허브이자 역사와 문화의 중심지이다. 리틀 인디아와 차이나타운이 위치하고 있어 다양한 문화가 공존한다.

둘러보기

○ 페트로나스 트윈 타워Petronas Twin Tower 무더위를 피해 타워 내 쇼핑몰과 레스토랑에서 낮 시간을 보내기 좋다. 저녁 무렵에는 KLCC 공원을 산책하며 웅장한 쌍둥이 타워의 야경을 감상할 수 있다. 오후 8시가 되면 KLCC 공원에서 분수 쇼가 펼쳐진다.

○ 스카이 바Sky Bar 페트로나스 트윈 타워 전망이 가장 잘 보이는 장소로

트레이더스 호텔Traders Hotel 33층에 위치해 있다. 창가 자리를 원한다면 미리 예약해두는 편이 좋다.

○ 메르데카 광장Merdeka Square 영국으로부터 독립을 선포한 역사적 장소 이자 잔디와 분수를 품고 있는 시민들의 휴식처. 건너편에 국립 모스크인 마지드 자멕Jamek Mosque이 위풍당당한 모습으로 서 있다.

○ 쿠알라룸푸르 시티 갤러리Kuala Lumpur City Gallery 쿠알라룸푸르의 역사와 풍경을 한눈에 볼 수 있는 전시 공간으로 2012년 문을 열었다. 1층에는 기념품 매장과 함께 말레이시아산 나무로 공예품을 제작하는 과정을 볼 수 있는 공간도 마련되어 있다. 메르데카 광장 옆에 위치한다.

○ 잘란 알로 & 잘란 실론Jalan Alor & Jalan Ceylon 쿠알라룸푸르를 대표하는 야외 푸드 코트. 포장마차와 마사지 숍, 슈퍼마켓, 과일 노점이 가득 들어서 있다. 오후 5시 이후 문을 열어 어둠이 내릴수록 활기를 띠는 거리이다. 잘란 알로와 교차하는 잘란 실론에는 트렌디한 바와 펍이 한 블록 넘게 자리하고 있다. 잘란 알로에서 간단히 저녁을 먹고 나서 들르기 좋은 곳이다.

○ 바투 동굴Batu Caves 쿠알라룸푸르 북쪽에 위치한 힌두교 성지로 매년 타이푸삼 축제 때 전국에서 순례자들이 모여든다. 동굴까지 이어지는 272개의 계단은 인간이 살면서 저지를 수 있는 죄의 수를 의미하고 이를 오르내리는 일은 죄를 참회한다는 의미를 지닌다.

쇼핑하기

○ 파빌리온 몰Pavilion Mall 쿠알라룸푸르 제일의 쇼핑몰. 파빌리온 몰이 생기면서 낙후 지역이었던 부킷 빈탕은 가장 번화하고 세련된 패션의 거리로 탈바꿈했다.

○ 스타힐 갤러리Starhill Gallery 주로 명품을 취급하는 쇼핑몰이며 독특한 외관을 하고 있다. 부킷 빈탕 역에서 가깝다.

○ 수리아 KLCC 몰Suria KLCC Mall 명품에서 중저가 브랜드까지 다양한 제

품을 만나볼 수 있다. 식당가와 카페, 서점, 슈퍼마켓, 기념품 가게가 한 곳에 모여 있어 편리하게 쇼핑할 수 있다.

돌아다니기

쿠알라룸프르의 주요 관광지는 KL 모노레일과 LRT로 거의 다 돌아 볼 수 있다. 택시 요금도 저렴한 편이지만 교통체증이 심할 때나 관광지 내 에서는 다른 교통수단을 이용하는 편이 낫다.

밀림을 헤치고

이른 아침 쿠알라룸푸르행 버스를 타기 위해 숙소를 나섰다. 웬만한 유럽 나라들보다도 물가가 높은 싱가포르를 떠난다는 생각에 잔뜩 움츠렸던 마음도, 지갑도 긴장을 푼다. 싱가포르 잔돈을 털어버릴 요량으로 편의점에 들러 비스킷과 초코바를 샀다. 지루한 기다림 없이 제시간에 출발한 버스는 초코바를 다 먹기도 전에 맥없이 국경에 닿아버린다.

세계지도 위에 점처럼 찍혀 있는 싱가포르의 크기가 새삼 실감이 난다. 서울보다 조금 넓은 면적에 서울의 절반쯤 되는 인구가 모여 사는 곳. 국민 소득은 한국의 두 배가 넘으며, 거의 모든 것이 비싸고 근사하고 화려한 곳. 그곳을 등지고 말레이시아로 향한다. 불편한 하이힐을 벗고 편안한 운동화로 갈아 신을 때처럼 마음이 편하다.

국경을 건너 다시 사람들을 태운 버스는 북쪽으로 향했다. 도로 양옆으로 빽빽하고 울창한 숲이 지평선 끝까지 펼쳐져 있다. 하늘은 파랗고, 숲은 녹음이 짙고, 그 가운데 한줄기 아스팔트가 놓여 있다. 버스는 그 위를 달린다. 버스는 밀림을 가르고 빗속을 가르며 앞으로 나아간다. 창밖을 바라보며 밀림이라는 단어를 입안에 굴려본다. 익숙한 단어라고 생각했는데, 왠지 처음 맛보는 사탕처럼 오묘한 맛이 난다. 알 듯 말 듯한 단어라는 생각이 들었다.

♦ 싱가포르에서 말레이시아로: 싱가포르에서 말레이시아의 수도 쿠알라룸푸르로 가는 버스는 매일 수차례 운행된다. 특정 버스 터미널에서 출발하는 것은 아니고, 여러 구역에 위치한 호텔이나 관광 명소 근처 여행사 사무실을 경유해 버스가 지나간다. 요금은 20~40달러 선이고, 약 5~6시간가량 소요된다.

머무는 호텔이나 게스트하우스에 문의하면 버스를 예약할 수 있는 가까운 여행사를 알려준다. 또는 직접 홈페이지에서 티켓을 구매할 수 있다.

○ 버스 예매
www.easybook.com
www.busonlineticket.com

동남아시아의 하늘은 변덕스럽다. 오냐오냐 길러서 버릇없이 구는 외동딸 같다. 밀림을 가로지르는 동안 질풍노도 사춘기 소녀의 뺨 정도는 냅다 후려치고도 남을 기세로 변덕을 부려댄다. 잔뜩 찌푸렸다가 제멋대로 비를 뿌리다가 이내 맑게 개었다가 서서히 엷게 물든다. 대단히 감상적이고 끝없이 맑고도 한없이 흐리며 예측할 수 없을 만큼 변덕스럽다. 싱가포르에서 쿠알라룸푸르까지 거리적 개념의 이동보다는, 물리적으로 요란한 날씨를 헤쳐나간 것만 같다.

버스에서 내렸을 때 하늘은 황토빛이었고, 구름은 샛노랗고, 그 위로 희미한 무지개가 떠 있었다. 걸음을 멈추고 가만히 하늘을 올려다보았다. 매일 올려다보는 하늘이지만, 태어나 처음 보는 하늘처럼.

♦♦ 말레이시아의 날씨: 한결같다. 연중 한결같이 덥고, 매일 한결같이 비가 온다. 매일 태양이 가장 뜨거울 무렵, 그 열기를 시원하게 식혀주는 소나기가 내린다. 가끔은 새벽에도 내리고, 가끔은 저녁에도 내리고, 가끔은 아무 때나 내린다. 금방 지나갈 비를 걱정하며 매일 우산을 들고 다니는 대신, 잠깐 멈추어 비가 그치길 기다리는 법을 배우는 편이 현명하다.

유실물 보관소

없다. 아무리 뒤져봐도 없다. 배낭의 밑바닥까지 확인해봐도 없다. 양볼에 명랑한 주근깨가 올라오건 말건 귀찮다며 잘 바르지 않았지만, 햇볕 쨍쨍한 동남아시아에 와서는 생필품이 되어버린 선크림이 없어졌다. 어디에 두고 왔는지 모르겠다. 싱가포르에서 머물던 숙소에 두고 온 건지, 고속도로 휴게소에 흘린 건지……

만약 카메라나 일기장처럼 여행의 기록이 켜켜이 담긴 물건이었다면 펑펑 울어버렸을 것이다. 여권이나 지갑처럼 여행을 중단시킬 만한 치명적인 물건이었다면 사방팔방 뛰어다니며 찾아다녔을 것이다. 지금 나는 물건을 잃어버린 주제에 다행이라는 안도감에 젖어 약간의 행복까지 느끼고 있다. 어디선가 오도카니 나를 기다리고 있을 선크림에게는 미안하지만.

여섯 살 무렵 천오백 원이 든 동전지갑을 잃어버린 것이 내가 기억하는 최초의 분실이다. 이십 년이 넘게 흘러도 정확한 액수를 기억할 만큼 당시 경험은 내 작은 세계를 뒤흔드는 거대한 충격이었다. 닭똥 같은 눈물을 뚝뚝 흘리며 지갑을 찾아다녔다. 내가 걸어온 길을 되밟으며 땅바닥을 아무리 살펴봐도 지갑이 보이지 않았다. 그때 어렴풋이 알게 된 것 같다. 사람은 무언가를 잃어버리며 살아간다는 것을.

그후로 셀 수 없이 많은 것들을 잃어버리며 살아왔다. 때로는 실수로, 때로는 고의로. 신분증을 잃어버려 토익 시험을 치러 가지 못했고, 잃어버린 휴대전화는 지구 반대편 형제의 나라로 수출되었고, 잃어버린 돈을 모으면 제주행 왕복 비행기 표쯤은 거뜬히 살 수 있다. 중학교 1학년 첫 성적표는 비행기가 되어 푸른 하늘 위로 날아가버렸고, 난감한 사랑 고백 편지는 못 본 척 서랍에 처박아둔 채로 자리를 옮겨버렸다.

사람들은 잃어버린 물건을 쉬이 잊어버린다. 아무리 기다려도 찾으러오지 않는 주인을 기다리며 원망의 나날을 보내고 있을, 유실물 보관소의 수많은 물건들을 그려본다. 먼지가 뽀얗게 쌓일 때까지, 희망을 잃지 않고 기다림을 낙으로 하루를 연명하고 있을 애처로운 물건들. 어쩌면 잃어버리는 것보다 잊어버리는 것이 더 잔인하다는 생각이 든다.

만약 운이 좋다면 습득한 사람이나 유실물 보관소로부터 돌려받을 수 있지만, 영영 찾을 수 없는 것들도 있다. 아무도 돌려주지 않거나 유실물 보관소에서 보관할 수 없는 것이거나. 스쳐간 인연이 그러하고, 놓쳐버린 순간이 그러하다. 살며 잃어버린 모든 인연들을, 모든 순간들을 다시 만날 수 있는 유실물 보관소가 있었으면 좋겠다. 그곳에서 나를 기다리고 있을 인연들을, 지나쳐온 순간들을 다시 만난다면 반가운 마음으로 꼭 안아주고 싶다. 무언가 잃어버릴 때면 나는 세상에 없는 유실물 보관소를 상상한다.

지금의 나는 어떤 인연을 잃어버리고 어떤 순간을 놓치고 있을까.

♦ 동남아시아 여행 필수품: 적도에 가까운 동남아시아는 자외선이 강해 선크림과 선글라스, 모자를 꼭 준비해야 한다. 야외 활동이 많다면 용량이 작은 휴대용 선크림을 가지고 다니며 수시로 발라준다. 모자는 챙이 넓어 얼굴과 목덜미까지 햇볕을 차단해주는 것으로 준비하면 좋다. 짐이 될 것 같아 챙겨가기 부담스럽다면 현지에서 저렴한 것으로 구매해서 단기 여행용으로 사용할 수도 있다.

♦♦ 여행자 보험: 주섬주섬 챙기는 것이 많아지다보니 무언가를 잃어버리는 일도 흔해진다. 여행자 보험 가입시 분실물 보상에 대한 안내를 미리 숙지해둔다. 대부분의 국내 보험회사는 해외 단기 여행자 혹은 장기 체류자를 위한 여행자 보험을 갖고 있다. 해외에서의 입원 치료비와 국내 병원 추가 치료비, 휴대품 분실이나 파손에 대한 보상, 항공기 사고 등에 대해 보상을 해준다. 가입비는 저렴한 알뜰형에서 보상 금액이 높은 고급형까지 다양하다. 일주일 이내의 짧은 여행이라면 2천~2만 원, 6개월 이상의 장기 여행이라면 5~30만 원 선에서 가입할 수 있다. 보험 가입은 인터넷으로 간단하게 할 수 있고, 보험증서와 보장 내용은 꼭 2부 출력해서 1부는 집에 두고, 1부는 여행하는 동안 소지한다.

지긋이 바라보기

쿠알라룸푸르의 심장부에는 높다란 빌딩 두 채가 어깨동무를 하고 서 있다. 페트로나스 트윈 타워다. 높이가 63빌딩 두 배에 가까운 451미터나 된다. 꼭대기에는 마치 하늘을 찔러보겠다는 듯 귀여운 포부를 품은 첨탑이 뾰족 솟아 있다. 뒷목이 아플 때까지 한참을 올려다보았다. 마음속 감탄이 지나간 자리에 스멀스멀 공포가 밀려들 때까지.

태초에 인간이 바다 동물에서 진화했다는 설이 있을지언정 날개를 꺾고 하늘에서 내려왔다는 설은 없지 않은가. 인간이 정복하겠다고 만만하게 보기에 하늘은 한없이 높고 가없이 넓다. 나 같은 고소 공포증 환자와는 정반대의 어떤 대범하고 정신 나간 형제가 위험을 무릅쓰고 모험한 덕분에 인류는 하늘을 날게 되었다. 그보다 더 상태가 심각한 몽상가들 덕분에 우주에 떠 있는 인공위성은 우리 집 안방으로 미드를 보내준다. 이해할 수 없는 부류의 위대한 이들에게 감사하며, 나는 비행기를 타고 미드를 본다.

페트로나스 트윈 타워 전망대의 입장권은 비쌌다. 미련 없이 돌아서자마자 그 값을 머릿속에서 즉각 지워버릴 만큼. 가장 높은 곳에서 도시를 내려다보는 것은 근사한 일이지만 정작 그 도시의 랜드마크가 우뚝 선 풍경은 볼 수 없으니, 그게 무슨 소용인가 싶기도 하다. 그런 이유로 파리에서는 에펠탑에 올라가지 않았고, 런던에서는 런던아이에 올라타지 않았다. 여행이 길어지

♦ 페트로나스 트윈 타워:
페트로나스 트윈 타워는
1998년 준공되어 2003년
타이베이 101이 세워지기
전까지 세계에서 가장 높은
건물이었다. 1번 타워는 일
본 회사가 2번 타워는 삼성
물산이 지어 올렸고, 45층
에 아찔한 구름다리가 두
건물을 잇고 있다. 하층부
에는 쇼핑몰과 레스토랑이
자리하고 있다.

다보니 가는 도시마다 전망대에 올라가 감탄하는 일에 질려버린 탓도 있다. 처음에는 짜릿했던 자극도 반복되면 무덤덤해지게 마련이다. 만약 타워 전망대에 근무하는 직원이 매일 출근할 때마다 관광객들과 같은 강도로 심장이 떨린다면 아마도 명줄이 짧아질 것이다.

때때로 가슴을 전율시키는 잊지 못할 풍경도 분명 있다. 에단 호크 같은 남정네만 옆에 있다면 당장이라도 입을 맞추고 싶은 그런 낭만적인 풍경. 입을 맞추자면 눈을 감아야 하니 풍경을 못 보는 게 아쉽긴 하다만. 어쨌거나 그런 풍경도 가끔씩 봐야 대단한 것이 된다. 대단한 순간을 위해 마음도 가끔은 쉬어줄 필요가 있다.

그러고 보면 나는 좋아하는 것을 손에 쥐는 것보다는 한 발짝 떨어져 바라보는 것을 즐긴다. 물욕 없는 청빈한 스님에 비할 바는 못 되어도, 소유하지 않고 가만히 두고 보는 그 거리감과 중립감이 좋다. 한 남자를 만나 연인이 되기 전까지 지켜보는 순간이 왠지 소중하고, 예쁜 꽃도 화병에 꽂혀 있을 때보다는 그것이 원래 있어야 할 자리에 피어 있을 때가 더 아름답다. 세상에는 소유하지 않아서 더 아름다운 것들이 있다. 가질 수 없어 애타는 마음은 안타까운 것이지만, 내 것이 되는 순간 김빠진 탄산음료처럼 신비감과 기대감이 사라지는 것 또한 아쉬운 일이다. 결국 가져도 아쉽고 못 가져도 아쉬운 것이라면, 어떤 아쉬움을 끌어안을지는 언제나 선택의 문제다.

◆◆ 전망이 좋은 트레이더
스 호텔 & 스카이 바: 트레
이더스 호텔 33층에 위치
한 스카이 바는 페트로나스
트윈 타워가 정면으로 보여
야경을 즐기기 좋다. 맥주
는 약 30링깃(약 9천 원),
칵테일은 30~70링깃(약 9
천~2만 원) 정도로 호텔 바
치고는 저렴한 편이다. 참
고로 페트로나스 트윈 타워
전망대 입장료는 80링깃
(약 2만 5천 원)이다.

타워 전망대에 올라가는 대신, 그보다는 훨씬 낮지만 여전히 높은 호텔에 위치한 바에서 칵테일을 마셨다. 페트로나스 트윈 타워가 정면으로 보이는 자리에 앉아서. 입장권보다 싼 값에 알뜰한 사치를 부린다 생각하며. 타워에 올라가서 야경을 내려다보는 것보다 이렇게 한 발짝 떨어져 바라보니 왠지 더 근사한 기분이다. 들판에 한들한들 피어 있는 꽃처럼, 어쩌면 사랑하게 될지도 모를 한 남자처럼, 눈앞에 우뚝 선 타워를 오래오래 바라보았다.

여행을 믿습니까

이상하게도 한국 사람들에게 동남아시아 여행이란 먹고, 쇼핑하고, 마사지 받는 것으로 치환되곤 한다. 특히나 쿠알라룸푸르 같은 대도시라면, 그것은 마땅히 지켜야 할 삼계명이 되어버린다. 그중 하나라도 빼먹었다가는 말 많은 친구에게 도대체 가서 뭘했냐고 꾸중을 들을 것이다. 가이드북만 대충 펼쳐보아도 온통 쇼핑에 관한 정보로 도배되어 있다. 딱히 물가가 싼 것도 아니고 유명 브랜드 원산지도 아니지만, 비행기 타고 외국까지 갔으니 뭐라도 사야 하지 않겠냐고 마음을 부추긴다.

쇼핑은 차치하더라도 쇼핑몰은 아스팔트를 녹여버릴 듯한 더위를 피하기 위한 사람들의 휴식처이기도 하다. 시원한 에어컨이 하루종일 풀가동되는 열대도시의 오아시스. 에어컨 때문에 세상은 점점 더 더워지는데 에어컨 없이는 단 하루도 살 수가 없게 되다니, 다큐멘터리에서 본 쓸쓸한 북극곰의 뒷모습이 떠오른다. 원래는 야생의 여러 동물 중 하나였을 인간이 어쩌다 이리도 나약하게 문명에 길들여진 것일까, 하는 심오한 생각은 쇼핑몰에 들어서자마자 상쾌한 에어컨 바람결에 흩어져버린다.

세상 어딜 가나 쇼핑몰 풍경은 다르지 않다. 공들여 치장한 여자들이 삼삼오오 쇼핑백을 들고 서로 걸친 옷을 봐주면서 이 상점, 저 상점을 표류한다. 아무도 관심을 갖지 않을지라도 남들에게 보이는 모든 것에 목숨을 건다. 주말마다 교회에 가는 신실한 신도처럼 사람들은 쇼핑을 하러 간다. 기도를 하듯이 정성을 다해 물건을 고른다. 귀찮아하는 친구를 전도해 함께 데려간다. 우리는 물건을 믿는다. 그것이 우리를 더 나은 사람이 되게 만든다고 믿으며 인생의 가장 빛나는 날들을 쇼핑몰에서 흘려보낸다. 무엇을 더 사서 두르고 걸쳐야 아름답다고 느낄까. 무엇을 더 사서 집 안에 쌓아야 풍족하다고 느낄까.

그러한 모습을 짐짓 한 발자국 빗겨서 바라볼 수 있는 것은 지금 내가 배낭을 짊어진 여행자이기 때문이다. 머무는 삶이었다면 나도 크게 다르지 않았을 것이다. 벌고 쓰고 벌고 쓰는, 무한 반복의 쳇바퀴를 숨차게 돌았을 것이다.

여행자가 된 후로 나는 이따금씩 쳇바퀴를 달리는 사람들을 보며 안쓰럽다고 생각했다. 힘차게 쳇바퀴를 뛰는 사람들은 나를 보며 한심하다 생각했겠지만. 지금은 돈을 벌지도 않거니와, 먹고 자고 이동하는 것 외에는 거의 돈을 쓰지도 않는다. 오랫동안 배낭을 짊어지다보면 자연스럽게 욕심을 내려놓게 된다. 괜한 욕심을 부리면 그것은 배낭에 켜켜이 담겨 고스란히 어깨를 짓누르니까.

길 위에서 나는 예쁜 옷이나 비싼 가방, 넓은 집 따위 없이도 행복한데, 앞으로도 그럴 수 있을까. 익숙한 삶으로 돌아가 한 자리 차지해 살면서도 가벼운 마음으로 소소하고 소박하게 행복할 수 있을까. 배낭 하나만큼의 무게를 머무는 삶에서도 지켜갈 수 있을까. 같은 자리를 맴돌게 하는 일상의 중력으로부터 걸어 나와 언제라도 혼란과 두려움의 파도로 뛰어들 용기를 가질 수 있을까. 낯선 얼굴로 도를 아시냐고 묻는 사람처럼, 낯선 풍경 앞에서 나는 내게 묻고 또 물었다. 여행을 믿느냐고.

♦ 쿠알라룸푸르의 쇼핑
몰: 말레이시아의 수도 쿠
알라룸푸르는 도시 전체를
거대한 쇼핑몰이라고 봐
도 무방할 만큼 도시 곳곳
에 규모 있는 쇼핑몰이 자
리하고 있다. 말레이시아는
패션, 뷰티, 잡화 등의 수입
품목에 관세를 면제하고
있어 수입품 구매시 상대
적으로 저렴한 가격에 구
매가 가능하다.

모노레일 부킷 빈탕 역에
위치한 파빌리온 몰, KLCC
역에 위치한 수리아 KLCC
몰, 임비IMBI 역에 위치한
버자야 타임스퀘어 몰Berjaya
Time Square Mall이 대표적이
다. 부킷 빈탕 역에 위치한
스타힐 갤러리와 미드 밸리
Mid Valley 역에 위치한 더 가
든스 몰The Gardens Mall은 명
품 쇼핑몰로 유명하다.

♦♦ 여행의 기술: 말레이시
아에 와서 고개를 갸우뚱한
적이 몇 번 있다. 보행자 도
로가 잘 가다가 중간에 뚝
끊기는 것, 같은 구간을 갈
때와 올 때 전철의 가격이
다른 것, 디자인이라 할 게
없는 흰 반팔 티셔츠가 긴
팔 티셔츠보다 비싼 것. 당
황하지 않기로 한다.

세상에 모순이 어디 그뿐
이겠는가. 다르고 이상하고
불편하다고 느끼는 것은 어
쩌면 우리가 너무도 정확하
고 편리하고 안전한 것들에
익숙해졌음에 반증이다. 그
저 마음은 느긋하게, 정신
은 바짝 차리고 다니면 될
일이다. 마음과 정신을 구
분하는 법만 안다면.

길 위에서 나는
예쁜 옷이나 비싼 가방,
넓은 집 따위 없이도 행복한데,
앞으로도 그럴 수 있을까.

익숙한 삶으로 돌아가
한 자리 차지해 살면서도
가벼운 마음으로 소소하고 소박하게
행복할 수 있을까.

배낭 하나만큼의 무게를
머무는 삶에서도
지켜갈 수 있을까.

같은 자리를 맴돌게 하는
일상의 중력으로부터 걸어 나와
언제라도 혼란과 두려움의 파도로
뛰어들 용기를 가질 수 있을까.

바투 동굴

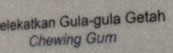

목이 칼칼하고 심장이 갑갑하다. 대도시에 오래 머무는 것은 숨막히는 일이다. 산 좋고 물 맑은 금수강산을 밀어낸 자리에 아파트와 고층 건물이 빽빽하게 세워진 도시는 차갑고 날카롭다. 만약 그곳이 생활의 공간이라면 어쩔 수 없이 적응하며 살아갈 테지만, 여행의 공간이라면 무엇 하러 비싼 돈 주고 매연을 들이마시고 있는지 스스로가 한심해진다.

도시의 즐거움이라는 게 사실 빤하다. 돈이 있어야 누릴 수 있는 것들, 돈을 조금 내면 초라한 기분을 덤으로 얹어주는 것들, 돈이 없으면 할 일이 없거나, 할 일이 있더라도 사서 고생이 되는 것들. 그것이 도시 여행의 생리다. 그러하기에 가난한 여행자를 도시에 풀어놓으면 겉돌고 만다. 도시 안에서 할 일을 찾는 게 아니라 어디 변두리에 재미있는 일이 없을까 기웃거리게 된다.

빽빽한 건물 숲과 넘치는 인파에 어딜 가도 현기증이 밀려왔다. 사람과 사람 사이 내 팔 길이만큼의 간격만 확보할 수 있는 곳이라면 어디든 좋겠다 싶을 만큼. 도심에서 빠져나갈 궁리를 하다가 쿠알라룸푸르 북쪽 가장자리에 걸쳐 있는 바투 동굴에 가보기로 했다.

시내에서 모노레일을 타고 종점까지 가면 도보로 쉽게 바투 동굴에 닿을 수 있다. 그곳에는 석회암으로 이루어진 산의 중턱까지 272개의 계단이 나 있고, 그 끝에 커다란 동굴이 자리하고 있다. 동굴은 힌두교 사원과 제단을 보듬고 있다. 가파른 경사를 이루는 계단을 오르기 전 심호흡을 하며 전경을 둘러본다.

눈앞에 산수화가 병풍처럼 펼쳐져 있는데, 그 가운데 금빛 힌두 사원과 어마어마한 높이의 무루간 신 동상이 서 있다. 대단하다. 산 중턱까지 계단을 놓은 인간도 대단하다고 생각했는데, 저렇게 거대한 동상을 만든 인간은 페트로나스 트윈 타워를 세운 인간들보다 더 대단한 것 같다. 그 대단함을 사진으로 담고자 애써보지만, 막상 네모난 액정에 담기는 순간 시시한 풍경이 되고 만다. 성능 좋은 카메라도 값비싼 렌즈도 소용없다. 그저 대단하다고 기억하는 수밖에.

계단 근처에는 한 무리 원숭이들이 대가족을 이루고 살고 있다. 어리광을 부리는 새끼의 등을 긁어주는 수더분한 아줌마 원숭이, 관광객이 흘린 물병을 들고 싸우는 원숭이 형제, 등 돌린 채 혼자 먹을 것 쥐고 처먹는 늙은 원숭이까지. 염색체 하나만 다르다는 이 영장류가 사는 모습이 인간들과 닮아도 너무 닮았다. 인간들의 어리석음을 풍자하는 동물농장의 실사판 연극을 보는 것만 같다. 계단을 오르는 동안 사람도 원숭이를 관광하고, 원숭이도 사람을 관광한다. 나는 인간이고 쟤는 원숭이다. 누가 더 나을 것도 모자랄 것도 없다. 서로가 서로에게 관광자원이 되어주다니 동등하고 평등하다못해 공의롭다는 표현까지 떠오른다.

누가 시킨 것도 아닌데 사람들은 모두 가파른 272개의 계단을 오른다. 길이 거기 있으니 올라간다는 명언을 남긴 전설의 등반가처럼, 사람들은 계단이 거기 있으니 올라간다는 듯 당연하게 움직인다. 어쩌면 물리적으로든 개념적으로든 위로 올라가는 것은 인간의 본능일지도 모르겠다. 한 발 내딛을 때마다 계단의 기울기보다 더 급격하게 숨이 차오른다.

동굴까지 이어진 계단의 숫자는 인간이 살며 저지를 수 있는 죄의 개수를 의미한다고 한다. 꼭대기에 위치한 힌두 사원을 찾아오는 신도들은 매일 그 계단을 오르며 자신이 저질렀거나 저지를 수 있는 죄를 참회할 것이다. 혹은 참회하는 것을 깜박하는 죄를 짓거나. 오로지 관광객들만이 단단해진 허벅지를 두드리고 한숨을 푹푹 내쉬며 불평한다. 왠지 이 불평도 계단이 의미하는 죄 중에 하나일 것만 같다. 그렇다면 이곳에 온 관광객들과 나는 참회하는 동시에 죄를 짓는 어리석음을 범하는 셈이다.

♦ 바투 동굴: 바투 동굴은 쿠알라룸푸르 북쪽 경계에 위치한 종유석 동굴이며 힌두교 성지로도 유명하다. KL 센트럴 역에서 KTM KOMUTER 노선 전차에 탑승하여 종점인 바투 동굴 역에 내리면 도보로 쉽게 닿을 수 있다. 시내에서 바투 동굴까지는 편도 25분 가량 소요되고, 표는 2링깃 (약 600원)이다.

♦♦ 원숭이를 만났을 때: 원숭이는 사람을 무서워하지 않지만, 사람은 원숭이를 무서워해야 한다. 원숭이는 바나나를 까먹으며 귀엽게 웃는 애완동물이 아니다. 순진한 관광객들은 그 사실을 모른 채 원숭이에게 다가가 과자를 던져준다. 음식을 꺼내 원숭이를 자극하다가는 그들의 공격 본능을 일깨울 수 있다. 한 발 떨어져서 사진 찍는 것에 만족하도록 한다.

② 코타키나발루

주요 지역 살펴보기

○ **코타키나발루 타운**Kota Kinabalu Town 코타키나발루 시내는 도보로 가볍게 둘러볼 수 있을 정도로 아담하다. 영국군이 처음 상륙했던 제셀턴 포인트Jesselton Point는 현재 인근 섬으로 향하는 페리 선착장으로 쓰인다. 워터프론트Water Front 주변으로 호텔과 레스토랑, 마켓, 쇼핑몰이 모여 있다.

○ **리조트 지역**Resort Area 공항과 타운 사이 서쪽 해변을 따라 리조트가 늘어서 있다. 수트라 하버 리조트는 근사한 해넘이 전망을 자랑한다.

겪어보기

○ **클리아스 강 반딧불 투어**Klias River Tour 클리아스 강을 따라 보트를 타고 맹그로브 숲의 야생을 관찰할 수 있는 일일 투어이다. 투어의 백미는 저녁식사를 마친 후 어둑어둑한 밤 별처럼 빛나는 반딧불을 감상하는 순간이다.

○ **호핑 투어**Island Hopping Tour 코타키나발루 인근의 크고 작은 섬에서 수영과 스노클링을 즐길 수 있는 투어가 있다. 한두 군데 섬까지 이동하는 보트와 스노클링 장비를 대여해준다. 사피 섬과 마누칸 섬, 마무틱 섬, 가야 섬 등이 대표적인 호핑 투어이다. 수트라 하버 리조트에 있는 시 퀘스트Sea Quest 센터에서 직접 투어를 운영하며, 그 외에는 현지 여행사를 통해서도 쉽게 투어 예약이 가능하다.

○ **키나발루 산**Mountain Kinabalu 트레킹하기 키나발루 산은 해발 4,095미터로 동남아시아에서 가장 높은 산이다. 해발 3천 미터 이상의 고지대는 전문 산악인들이 즐겨 찾고, 일반인의 경우 반드시 전문 가이드를 동

반해야 할 만큼 험난하다. 투어 프로그램으로도 간단한 트레킹과 온천을 즐길 수 있다.

○ 시푸드 레스토랑 가기 섬 지역답게 해산물이 풍부해 어디서든 쉽게 시푸드 레스토랑을 만날 수 있다. 웰컴 시푸드 레스토랑Welcome Seafood Restaurant이 가장 유명한데, 분위기 좋은 레스토랑이 아니고 수산 시장처럼 시끌벅적한 분위기다. 가격이 저렴하고 양이 푸짐하다. 오후 3시 이후에 문을 여니 저녁식사를 하러 가는 것이 좋다.

돌아다니기

시내버스가 있지만 관광객들이 이용하기는 쉽지 않다. 시티 센터 부근은 도보로 둘러볼 수 있을 정도로 아담하다. 리조트나 공항 등 그 외 지역은 택시를 이용하는 것이 좋다. 규모가 큰 리조트에는 대부분 리조트와 시내를 순환하는 셔틀버스가 있다.

설핏 그립고 살포시 행복한

비싸도 2만 원을 넘지 않는 허름한 도미토리나 게스트하우스만
전전했는데, 코타키나발루에서는 호화롭진 않아도 단정하고 깔
끔한 리조트에 사흘간 묵기로 했다. 긴 배낭여행을 하며 처음으
로 부려보는 사치였다.

리조트의 침대는 깨끗하고 폭신했다. 베갯잇은 구김 없이 빳빳
했고 갓 말린 것처럼 햇볕 냄새가 묻어났다. 꾀죄죄한 배낭여행
자가 되고 나서는 낯설게 느껴지는 깨끗한 냄새였다. 방에 놓인
물건들은 마치 제 역할을 알고 있다는 듯 다소곳이 제자리에 놓
여 있다.

이따금씩 당연했던 모든 것들이 아득하고 멀게 느껴지는 순간이
있다. 화장실에 휴지가 걸려 있다거나, 안내문이 한글로 적혀 있
다거나, 내게 잘 지내느냐고 연락하는 엄마가 있다는 사실 따위
가 무진장 낯설게 느껴지는 순간. 무엇이 익숙한 것이고, 무엇이
낯선 것인지 분간이 되지 않는다. 방에 있는 모든 것이 익숙하고
도 낯설었다.

여행은 이론으로만 알고 있던 매슬로우의 욕구 피라미드를 피부로 일깨워준다. 아늑한 일상으로부터 멀어진 날이 길어질수록 욕구의 수준은 점점 낮아진다. 안전과 의식주만 확보되면 다른 욕심 없이 쉽게 만족하게 된다. 자아실현이나 사회적 존경 따위는 바랄 처지가 아니다보니 바람은 소박하고 단순해진다. 복잡한 일상의 고민이 빠져나간 가벼운 머리통을 폭신한 베개 위에 누이는 것만으로도 매일 밤 행복하다 느낀다.

그날 밤 폭신한 베개에 얼굴을 묻으며 설핏 그리웠지만 살포시 행복했다. 편안하고 깨끗하고 안전하다고 느끼며, 아주 오랜만에 귀마개를 끼지 않고 깊은 잠에 들었다.

♦ 쿠알라룸푸르에서 코타 키나발루까지: 본토의 쿠알라룸푸르에서 보르네오 섬의 코타키나발루까지 비행기로 두 시간 반이 걸린다. 말레이시아에 본사를 둔 저가 항공 에어아시아를 이용하면 10만 원 남짓한 가격에 왕복 항공권을 구할 수 있다. 코타키나발루는 휴양도시로 바닷가를 따라 리조트가 들어서 있고, 저녁 무렵 노을이 아름답다.

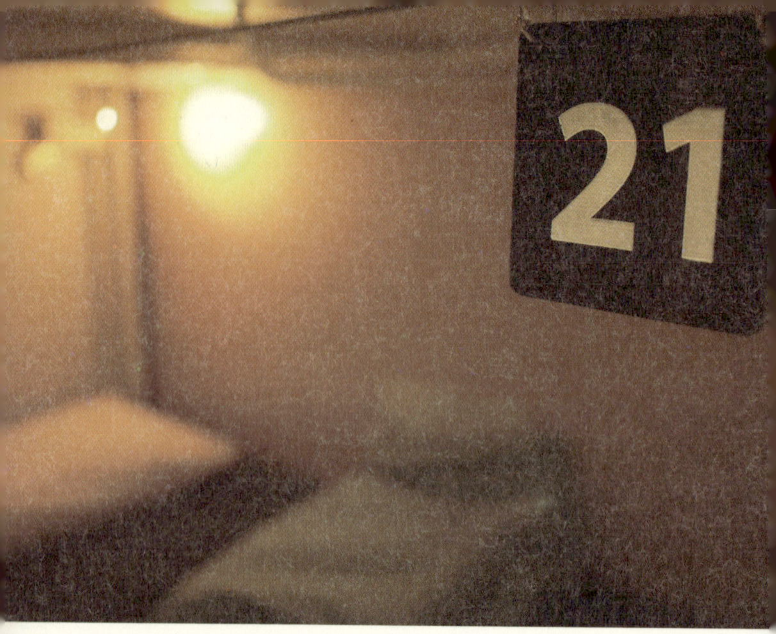
21

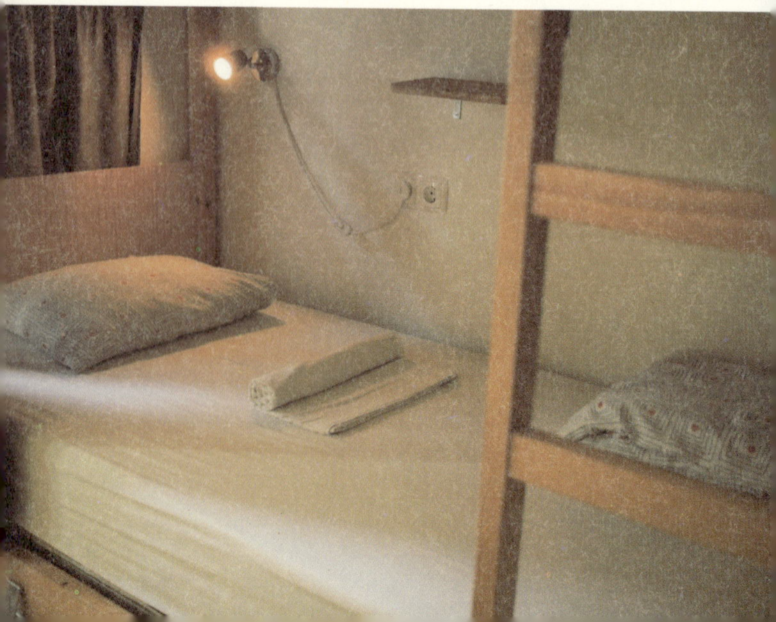

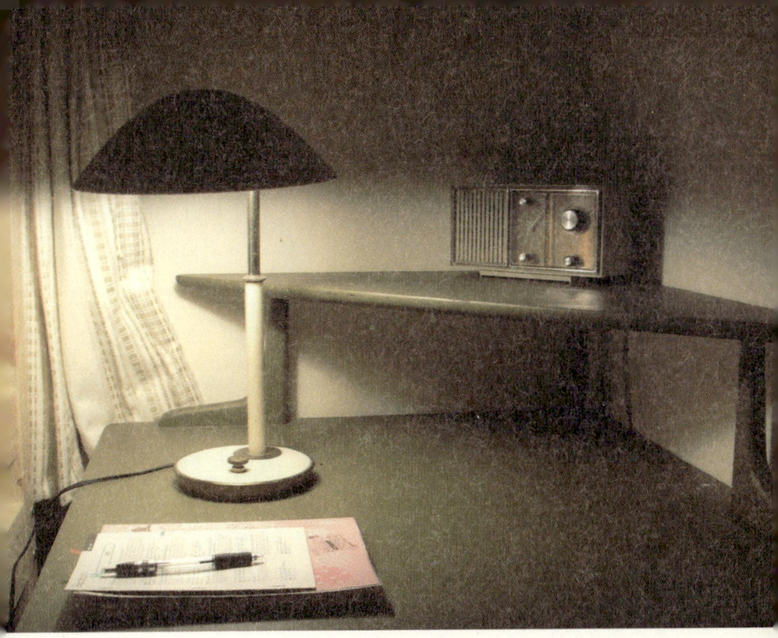

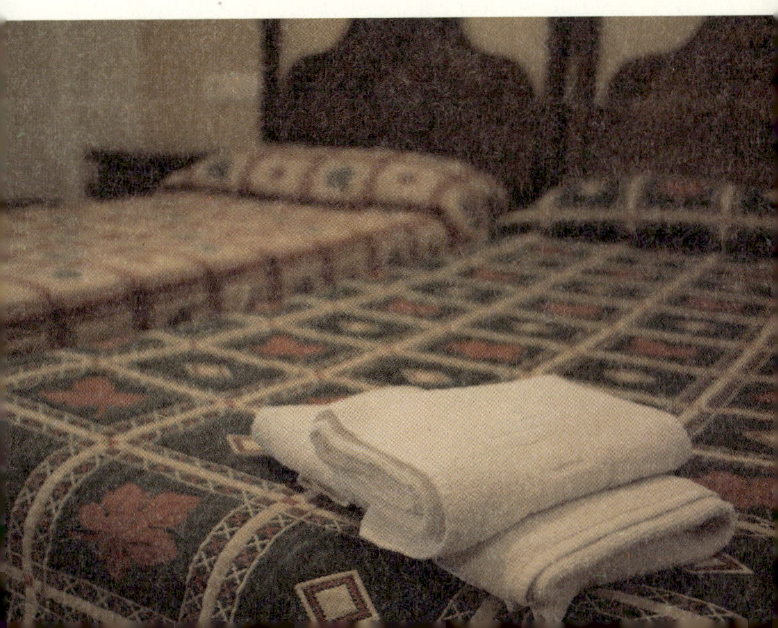

어리석은 경계선

휴양도시 코타키나발루는 보르네오 섬에 위치해 있다. 인도차이나 반도에 기다랗게 한자리 차지한 영토를 말레이시아 본토라 부르긴 하지만, 인도네시아와 국경을 맞댄 보르네오 섬 북부가 영토의 크기로는 더 크다.

말레이시아 사람들은 보르네오 섬을 변방이라고 부르지만, 나는 왠지 이제야 진정한 말레이시아에 왔다고 느꼈다. 마치 행정수도인 워싱턴 DC보다는 히피들의 도시 하와이나 플로리다를 더 미국적이라 느끼는 것처럼. 개성을 잃어버린 밋밋한 콘크리트 정글보다는 원형 그대로 모든 것이 개성 그 자체인 열대우림의 정글이야말로 말레이시아다운 풍경이라고, 아직 정글은 구경도 못해본 주제에 그렇게 믿어버린다.

이튿날 보르네오 섬 깊숙이 탐험을 떠났다. 사실 '탐험'이라는 거창한 단어를 쓰기에는 다소 민망한 여행사 투어였지만. 어쩌겠는가. 정글이나 사막, 빙하 같은 대자연에 다짜고짜 달려드는 건 용기가 아니라 객기다. 오랜 시간 자연을 탐구하고 체력을 다지며 준비한 이가 아니라면 자연은 쉬이 길을 열어주지 않는다. 준비 과정은 생략한 채 불쑥 찾아온 여행자에게는 오로지 여행사에서 준비한 심심한 투어만이 허락될 뿐이다. 여행사 투어는 대개 시시하지만 딱히 불만은 없다. 오히려 나 같은 미숙한 인간에게 정글 구경을 시켜준다니 고마울 따름이다.

♦ 보르네오 섬 투어 예약하기: 클리아스 강가에서 야생 원숭이와 반딧불을 볼 수 있는 반딧불 투어는 약 150링깃(약 4만 5천 원)이다. 점심 무렵부터 늦은 밤까지 진행되며 교통과 식사가 포함된다.

리조트에서 가까운 섬으로 스킨스쿠버를 하러 가는 호핑 투어는 80~100링깃(2~3만 원)인데, 보트 이동과 스킨스쿠버 장비를 대여하는 비용이 포함되어 있다. 한국 여행사를 통하는 것보다는 현지 리조트나 현지 여행 업체를 통해 예약하는 것이 더 싸다.

이른 아침부터 긴 시간 차를 타고 어딘지도 모를 곳으로 달리고 또 달렸다. 현지 가이드는 우리가 어디로 가는지, 얼마나 더 달려야 하는지, 창밖의 풍경이 어떤 풍경인지 자발적으로 설명해줄 만큼 직업 정신이 투철하지는 않았다. 그저 묻는 말에 마지못해 대답하는 정도였지만, 그의 부실한 설명만으로 왠지 충분하다는 생각이 들었다. 자연에 이러쿵저러쿵 무슨 각주가 필요하단 말인가. 자연은 인간이 금을 그어 나누고 명명한 이름 따위에 연연하지 않고, 세상사에 무심한 채 자연 그 자체로 머물 뿐이다. 라오스와 캄보디아를 가르는 국경 따위에 괘념치 않고 메콩 강은 유유히 흐르고, 무지한 인간이 세운 벽과 철조망 틈새에도 꽃과 풀은 자라난다.

인간이 나눈 어리석은 경계에 오직 인간들만이 갇혀서 살고 있다. 금 밖으로 나아가려면 어김없이 금 안에서 미리 준비한 서류를 펼쳐 도장을 받고, 지문을 남기고, 물음에 답해야 한다. 창밖을 바라본다. 자연스레 놓인 풍경에 인간적인 관점의 해석을 보태고 싶지가 않다. 사람의 눈길은 닿았을지언정 아직 손길은 미치지 못한 자연을 가만히 바라보고 또 바라보았다.

◆◆ 말레이시아의 영토: 말레이시아 영토는 크게 둘로 구분된다. 인도차이나반도에 위치한 본토와 바다 건너 인도네시아에 국경을 접한 보르네오 섬. 본토가 문화의 중심지라면 보르네오 섬은 자연의 보고이다. 어느 쪽을 진짜 말레이시아로 느낄지는 여행자의 몫이다.

친근한 울림

정글 어디쯤에 도착했나보다. 함께 차를 타고 이동한 무슬림 커플에게는 잠시 기다리라고 하더니 내게 한국인이 맞는지 재차 확인을 하고는 따라오라고 한다. 한 무리의 한국 사람들이 작은 선착장 앞에 옹기종기 모여 있다. 코타키나발루는 한국인 전문 가이드가 있을 정도로 한국 사람들이 많이 찾아오는 여행지다. 아마도 어느 여행사에서 적당한 가격에 알찬 여행 상품을 팔았거나 먼저 이곳을 다녀간 블로거들이 아름다운 풍광 사진으로 휴가를 꿈꾸는 이들의 허파에 바람을 잔뜩 불어 넣었을 테지. 아무렴 어때라. 오랜만에 보는 한국인 무리가 괜스레 반갑다.

한국의 어느 휴가지에 온 것처럼 친근한 한국말이 사방에서 들려온다. 굳이 집중하지 않아도 한국말이 저절로 이해되는 것이 당연한 일 같기도 하고 기적 같기도 하다. 귓가로 흘러드는 소리가 내 안에 몇 십 년 동안 누적된 언어의 입자들에 닿아 '이해'라는 화학작용을 일으킨다고 생각하면, 언어로 소통하는 일이 우주의 신비처럼 거대하게 느껴진다. 엄마 배 속에서부터 듣던 친근한 울림은 마음을 누그러뜨린다. 굳이 말을 섞으며 친밀감을 확인할 필요가 없다. 당신과 내가 같은 언어, 그것도 전지구적 관점에서 꽤나 희소성 높은 언어를 쓴다는 사실만으로, 일면식도 없던 우리는 떼려야 뗄 수 없는 연대감을 느낄 테니까.

한국 관광객을 가득 태운 보트는 정글 숲 사이로 탁한 강물을 가르며 나아간다. 어디선가 악어가 물 위로 두 눈을 빼꼼 내밀고 사람 냄새를 맡으며 군침을 흘리고 있을 것만 같다. 보트를 타고 지나가며 여러 이름을 가진 원숭이 무리를 구경했다. 장사꾼의 말투를 가진 가이드 아저씨는 여러 원숭이의 이름과 특징을 동물도감 읊듯이 술술 설명해주었다. 평소 원숭이에는 눈곱만큼의 관심도 없었을 테지만 가이드 아저씨가 한 마리씩 소개할 때마다 보트에 탄 사람들은 잘 훈련받은 방청객처럼 감탄사를 내뱉었다. 엄청난 원숭이고 대단한 원숭이 같았다. 왠지 설명이 끝나고 나면 돈을 내고 한 마리씩 사야 할 것만 같은 기분이다.

보트는 원숭이가 보이는 곳에 다가갈 때마다 속도를 늦추거나 잠깐씩 멈추었다. 이따금씩 지루한 풍경이 이어지면 바람이나 쐬라는 듯 한껏 속도를 높였다. 이러다 보트가 뒤집어지면 말레이시아산 악어의 밥이 되고, 그 악어가 가방이 되어 한국에 밀수입이 될 때쯤에야 고국으로 돌아갈 수 있을 것만 같다. 느슨한 구명조끼를 단단하게 고쳐 입고 손잡이를 꽉 붙잡았다.

♦ 코타키나발루: 코타키나
발루는 보르네오 섬 북부에
위치한 도시다. 코타키나발
루의 바닷가에서 바라보는
석양은 그리스 산토리니,
남태평양 피지와 함께 세계
3대 해넘이 풍경으로 손에
꼽힐 만큼 아름답다.

보르네오 섬의 정치 경제의
중심지이며, 해양 관광자원
을 무기로 전 세계 관광객
들을 끌어들이고 있다.

♦♦ 코타키나발루로 가는 항공편: 보르네오 섬에 위치한 코타키나발루는 인천에서 출발하는 직항 항공편이 있어 한국인들이 많이 찾는 휴양지가 되었다. 또 중국인 관광객도 많이 찾아오는 곳이라 여름휴가 철에 코타키나발루에 간다면 이곳이 제주도인지 중국인지 헷갈릴지도 모른다.

아득한 이국으로의 여행을 꿈꾸던 사람들에게는 그 점이 실망스러울 수도 있지만, 코타키나발루의 자연만큼은 충분히 이국적이고 아름답다.

반짝이는 밤

해가 뉘엿뉘엿 질 무렵, 보트는 선착장으로 돌아왔고 원숭이 신봉자가 된 한국인 무리가 우르르 배에서 내렸다. 배가 고프니 저녁을 먹을 시간이다. 얼기설기한 나무 지붕 아래 반듯한 테이블이 손님을 기다리고 있다. 푸짐해 보이지만 막상 먹을 것은 별로 없는 뷔페가 차려져 있다. 말레이시아 전통 음식이라고 들었는데 내 눈에는 타국에서 온 여행자의 눈치를 보며 그들의 입맛을 맞추기에 급급한 음식 같아 보였다. 어설프게 담근 김치까지 등장했으니 말 다 했다. 몇 가지 음식을 접시에 골라 담았다. 입맛에 안 맞는 탓도 있지만 왠지 배가 터지게 먹고 싶지 않았다. 도시에서는 속이 더부룩할 때까지 혀가 느끼는 쾌감을 멈추기 힘들었는데, 자연에 둘러싸이니 공복을 달랠 정도의 음식이면 충분하다.

저녁식사를 마치자 붉게 물들었던 하늘이 진청색으로 차갑게 식어 있다. 하늘은 깜깜했고 별이 반짝거렸다. 아름다웠다. 마치 별의 반짝거림을 위해 밤이 존재하는 것만 같다.

다시 보트에 올라탔다. 선착장을 밝히는 희미한 가로등 불빛에서 멀어지며 짙은 어둠 속으로 깊이 들어갔다. 서울의 자취방에서 불 끄고 잠들 때에도 창문으로 새어드는 희미한 가로등 불빛이 있어 이만큼 어둡지는 않았다. 배에 탄 사람들은 스마트폰을 조명 삼아 어둠을 쫓아내려 애써보지만, 우리가 의존해온 인공의 불빛이 얼마나 미약한지만 일깨워줄 뿐이다. 짙은 어둠에 둘

러싸이자 청각이 예민하게 살아난다. 두런두런한 사람들의 목소리, 숲이 숨을 쉴 때마다 나뭇잎이 부스럭거리는 소리 그리고 내 심장이 뛰는 소리까지 들린다.

천천히 움직이던 배가 차츰 느려지더니 털털거리던 모터를 멈춘다. 가이드 아저씨가 왼쪽 위를 쳐다보라고 한다. 뭐가 보여야 볼거 아니야, 라는 생각을 한 지 3초쯤 지나자 초록의 빛들이 깜박거리기 시작했다. 어릴 적 시골 할머니 댁에서 보았던 그것, 반딧불이다. 사람들은 모두 저마다의 감탄사를 내뱉는다. 나는 작은 숨소리만 내뱉으며 말을 삼켰다. 보트에 탄 모든 이들에게 이 풍경은 반딧불처럼 반짝거리는 추억으로 오래도록 가슴에 남을 것이다.

반딧불은 숲을 수놓고, 별들은 하늘을 수놓는다. 반짝이는 밤이다.

♦ 클리아스 강 반딧불 투어: 클리아스 강을 따라 맹그로브 숲 깊숙이 구경할 수 있는 투어가 있다. 해 질 무렵 보트 위에서 야생 원숭이와 도마뱀을 관찰하고, 해가 지고 나면 반짝이는 별과 반딧불을 볼 수 있다.

이 모든 탐험이 너무도 쉽게 이루어져 다소 시시한 기분도 들지만, 그럼에도 자연의 웅장함과 경이로움에는 여전히 가슴이 벅차다.

인투 더 와일드

영화 〈인투 더 와일드Into the wild〉에서 주인공 크리스토퍼는 명문 대학을 우수한 성적으로 졸업하자마자 자신의 전 재산을 빈민구호단체에 기부하고 알래스카를 향해 떠난다. 문명으로부터 가능한 한 멀리 달아난 뒤, 자동차를 버리고 주머니에 남은 돈을 낙엽처럼 불태워버리고 두 발로 저벅저벅 자연으로 걸어 들어간다.

그 장면을 보며 누군가는 미쳤다고 할 것이고, 누군가는 아깝다고 할 것이다. 오랫동안 꿈꿔온 것을 위해 다른 모든 것을 미련 없이 놓아버리는 그 장면을 여러 번 돌려보며, 내 마음은 허무하기도 하고 쓸쓸하기도 했다. 사실 뭐라 말로 표현할 수 없는 기분이었다.

♦ 삶이라는 여행 그리고 영화: 긴 여행을 부추긴 영화가 몇 편 있다. 〈인투 더 와일드〉, 〈모터싸이클 다이어리The Motorcycle Diaries〉, 〈원위크One Week〉. 어떤 장소가 주는 여행의 감흥보다는, 삶이라는 여행에 대해 곱씹어 생각하게 해주는 영화들이다. 때로 거창한 이유나 치밀한 준비가 아닌, 무심코 본 사진 한 장이나 영화 한 편이 당신을 길 위로 이끌지도 모를 일이다.

사람들은 내게 물었다. 여행하는 동안에는 왜 떠나왔느냐고, 여행을 다녀와서는 무엇을 얻어왔느냐고. 혹시 내 대답을 듣는다면 나를 한심하다 여길지도 모르겠다. 아끼다가 닳아 없어져버릴 것 같은 젊음을 낭비하기 위해 떠나왔고, 그것을 한 치의 아낌없이 흥청망청 낭비해버리고 돌아왔다. 긴 시간을 지불하고 얻어온 것이 무엇인지 잘 모르겠다. 아무리 생각해도 젊음을 낭비하고 빈손으로 돌아온 게 아닐까 싶다.

여행은 아무리 후하게 값을 쳐준다고 해도 손해를 보는 장사다. 돈과 시간을 지불하고 남는 것은 돈 안 되는 추억뿐이지 않은가. 여행에는 그 어떤 전망도, 부귀도, 명예도 따르지 않는다. 지극히 개인적인 즐거움을 어리석은 방식으로 좇는 것이 여행인 셈이다.

그럼에도 여행은 인생의 한 시절을 그리 흘려보내도 충분히 좋다 느낄 만큼 묘하게 행복한 일이기도 하다. 똑똑하게 살아야 한다고 핸드폰마저 스마트폰이라 부르는 세상에서, 여행은 가능한 모든 수단과 방법을 동원해 어리석게 사는 법을 가르쳐준다. 나와는 평생 인연이 없을 줄 알았던 장소에 애써 찾아가는 법이나 다시 옷깃을 스칠 것 같지 않은 사람들에게 헤프게 웃어주고 시간을 내어주는 법, 마음만 먹으면 매일같이 볼 수 있었던 해돋이를 태어나 처음 보는 사람처럼 가슴 벅차게 바라보는 법 따위를.

여행으로부터 어떤 깨달음을 얻고, 전과는 다른 삶을 살고 있는지 궁금해하는 이들에게 실망을 안겨주어 미안하지만, 나는 여전히 한심하고 어리석으며 전과 비슷한 삶을 살고 있다. 오늘 방황하고 좌절하면서도 내일에 헛된 희망을 품는다. 가진 건 별로 없지만 젊음을 가졌으니 충분하다 느낀다. 여전히 운명적인 사랑과 대책 없이 긴 여행을 꿈꾼다. 여행이 가져다준 유일한 변화는 이 모든 어리석음을 긍정하게 해준 것이다.

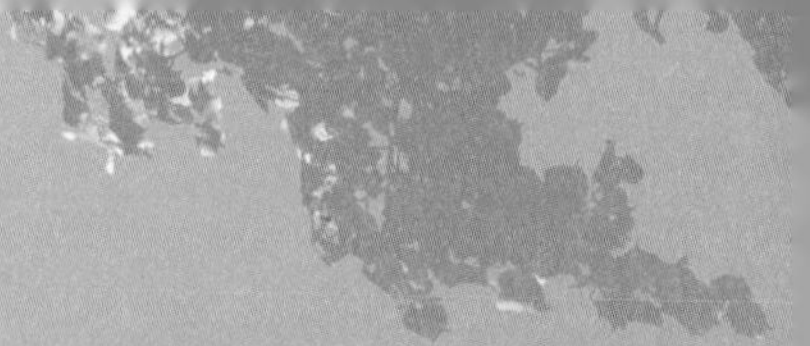

반딧불이다.

…

…

나는 작은 숨소리만
내뱉으며
말을
삼켰다.

반딧불은 숲을 수놓고,
별들은 하늘을 수놓는다.

반.짝.이.는. 밤이다.

③ 페낭

주요 지역 살펴보기

○ 조지타운George Town 15세기부터 동서양을 잇는 해양무역항 역할을 하며 동양과 서양의 문화가 공존해왔다. 차이나타운과 리틀 인디아에서는 동양적인 분위기가 흐르고, 콜로니얼 지역에는 식민지 시대 건축물이 집중되어 유럽의 여느 거리 같은 분위기가 난다.

○ 바투 페링기Batu Ferringhi 페낭 섬 북쪽에 위치한 해변 지역으로 조지타운에서 버스로 30~40분이 소요된다. 아름다운 해변에서 해양 스포츠를 즐기거나 해가 지고 난 후 야시장을 구경하는 재미가 있다.

○ 페낭 힐Penang Hill 해발 830미터 정상에는 페낭을 한눈에 조망할 수 있는 전망대와 관광 명소가 모여 있다. 가파른 정상까지는 케이블카로 닿을 수 있다. 힌두 사원과 산책로, 푸드 코트와 카페 등 관광 명소와 편의 시설이 두루 잘 갖춰져 있다.

둘러보기

○ 쿠 콩시Khoo Kongsi 페낭의 유서 깊은 가문인 남중국 출신의 쿠 씨 가문의 역사와 위패가 진열되어 있다. 사원은 정교한 조각이 새겨진 기둥과 웅장한 지붕이 인상적이다. 페낭에 여러 콩시(씨족 기반의 공동 주거 구역)가 있는데 쿠 콩시가 가장 대표적이다.

○ 페낭 시청Penang Town Hall 조지타운 콜로니얼 지역에 지어진 영국 식민지 시대의 건물로 웅장하고 화려하며 완성도가 높다고 평가 받는다.

○ 켁록시 사원Kek Lok Si Temple 페낭 힐 남쪽에 위치한 불교 사원으로 말레

이시아 최대 규모를 자랑한다. 거대한 규모와 정교한 아름다움을 동시에
지닌 건축물이다.

겪어보기

○ 패러글라이딩Paragliding하기 바투 페링기 해변은 느긋하게 햇살과 여유
를 즐기는 것뿐 아니라 신나는 수상 스포츠를 즐기기에도 제격인 곳이다.
수상 보트에 줄로 연결한 패러글라이딩을 즐길 수 있다.

돌아다니기

○ 조지타운 시내 관광 활성화를 위해 무료 셔틀버스가 운영된다. 20분
간격으로 시내 곳곳을 도는 버스가 있다. 노선도는 관광 안내소나 현지
여행사에서 구할 수 있다.

○ 조지타운-페낭 힐 204번 버스로 약 30~40분 소요, 요금은 2링깃

○ 조지타운-바투 페링기 해변 101, 102번 버스로 약 30분 소요, 요금은
약 3링깃

나는 전주에 가는 거야

먹거리가 풍부해 '말레이시아의 키친'이란 별명을 가진 도시 페낭에 가기 위해 터미널에 갔다. 두시에 출발해 일곱시쯤 도착하는 버스표를 샀다. 한시 반부터 기다렸는데 버스는 거의 세시가 다 되어서야 나타나더니 승객들을 태우고도 한참을 더 기다렸다. 버스는 빈자리가 다 차고 나서야 출발했다. 애초부터 출발 시간 따위가 무의미했다는 것을 나만 몰랐던가, 다른 승객들은 모두 그러려니 하는 표정이다.

출발이 늦어지긴 했지만 그래도 아홉시 전에는 도착할 거라고 안심하고 눈을 붙였다. 그게 전쟁 없는 세상을 꿈꾸던 존 레논의 이상에 버금가는 희망인 줄은 꿈에도 모른 채. 한숨 자고 일어났을 때 창밖은 어둑해졌고 버스는 계속 달리고 있었다. 어디쯤 가고 있는지 언제쯤 도착할지 알 수가 없다. 제시간에 출발했다면 벌써 내렸을 시간이다.

창밖은 불안하도록 어두컴컴한데 손목 위의 시계는 어느덧 아홉시를 가리킨다. 째깍째깍 초침이 움직일 때마다 두려움에 가슴이 콩닥거린다. 마음속으로 '나는 전주에 가는 거야'라고 되뇌며 두려움을 달래고자 애써보지만, 깜깜한 밤거리에 내려 숙소를 찾아다닐 생각을 하니 무섭고 막막해진다. 내가 가장 싫어하는 상황이다. 늦은 밤 낯선 도시에 떨어지는 것. 아무리 오래 여행을 해도, 아무리 오래 살아 밤이라는 것을 몇 천 번이나 경험해도, 원시적인 밤과 어둠에 대한 공포는 도무지 극복이 안 된다.

버스가 중간중간 멈춰 서서 사람들을 내려준다. 페낭의 버스 터미널에서 다 함께 우르르 내리는 것을 상상했던 나는 점점 더 혼란스러워진다. 혹시 내려야 할 곳을 지나치게 되면 이 버스는 나를 어디로 데려갈 것인가. 그곳에 여행자를 위한 숙소라는 게 있긴 할까. 이 나라의 범죄율이 어떻게 되더라. 오밤중에 낯선 곳에 떨어진 여자가 무사히 숙소를 찾을 확률 따위가 인터넷에 나올 리 없겠지만 인터넷만 된다면 찾아보고 싶어 죽겠다. 이런 겁쟁이가 어떻게 혼자 여행을 하고 있는 건지 세계 7대 불가사의에 '나'라는 인간을 하나 더 보태야 할 것 같다.

운전기사에게 페낭에는 언제쯤 도착하느냐고 물었다. 그는 손짓으로 자리에 앉아 있으라고 한다. 앉아 있으면 알려주겠다는 건지, 위험하니까 가서 앉으라는 건지, 시끄러우니까 조용히 하라는 건지 모르겠다. 건너편에 앉은 중년 부부에게 물어보지만 그들은 영어를 못 하는지 웃으며 어깨를 으쓱한다. 내가 전전긍긍 똥 마려운 강아지 표정을 짓고 있자 내 뒤에 앉은 앳된 얼굴의 청년이 불쑥 대답을 해준다. 이미 페낭에 들어오긴 했는데, 여행자들이 많이 가는 조지타운은 아주 긴 다리를 건너야 나오는 동네라고. 아직 도착 안 했으니까 조금만 기다리라고. 그에게 그곳으로 가느냐고 묻자 그렇다고 한다. 그의 대답에 안도했다. 그가 내릴 때 따라 내리면 되니까. 우습게도 나는 만난 지 1분도 안 된

청년을 무한히 신뢰하고 있다. 어설프게 멋을 부린 이 풋풋한 청년이 지금 내게는 하늘에서 내려준 동아줄과도 같다. 그의 말처럼 버스는 긴 다리 위를 달렸다. 도대체 다리가 얼마나 긴지, 얼마나 멀리 떨어진 섬을 차로 가겠다고 다리를 만들었는지, 끝나지 않을 것처럼 한참을 달렸다. 나중에 찾아보니 본토와 페낭 섬을 연결한 그 다리는 길이가 13.5킬로미터나 된다.

동아줄 청년을 따라 버스에서 내렸다. 내가 숙소를 찾을 때까지 그가 동행해주길 내심 바랐지만, 그런 친절은 영화에나 나오는 일인데 세상이 각박해지니 요새는 영화에도 잘 안 나오더라. 그는 버스에서 내리자마자 뚜벅뚜벅 걸어가 금세 시야에서 사라져버렸다. 어둠이 내린 낯선 동네에서 가장 먼저 해야 할 일은 숙소를 찾는 일이다. 먼저 방향감각을 잡기 위해 큰 도로로 나갔다. 게스트하우스가 밀집되어 있다는 동네를 향해 걸었다. 어둑하고 으슥한 골목을 지나고 이제 막 문을 닫으려는 상점도 지났다. 길 건너 편의점 불빛이 든든하다. 365일 24시간 한결같이 환하게 빛나고 있었을 세븐일레븐 간판이 이렇게 반갑기도 처음이다.

미리 적어둔 몇 개의 주소들 중 첫번째 숙소에 찾아갔다. 다행히 도미토리의 침대 한 칸이 남아 있다. 무사히 숙소까지 살아왔으니 이제 마음 놓고 푹 쉴 수 있겠다. 그런데 아까 인터넷에서 뭘 찾아보려고 했더라?

♦ 쿠알라룸푸르의 버스터미널: 쿠알라룸푸르의 버스터미널은 한국인의 상식을 45도쯤 벗어나는 곳이다. 하나의 매표소에서 여러 도시로 가는 표를 팔지 않고, 수십여 군데의 여행사가 수십여 군데의 도시로 가는 표를 판다. 적당히 두세 군데 가격을 물어보고 표를 사면 된다. 버스가 제시간에 오는지는 잘 모르겠다. 내가 탄 버스만 우연히 늦었거나 원래 늦거나 둘 중 하나다.

♦♦ 말레이시아의 밤: 적도에 가까운 말레이시아는 연중 낮과 밤의 길이가 비슷하다. 해가 뜨는 시간은 오전 7시, 해가 지는 시간은 오후 7시 무렵. 해가 지면 쇼핑몰이나 야시장을 제외한 거리의 상점들도 하나둘 문을 닫는다. 쿠알라룸푸르 같은 대도시라면 언제 어딜 가더라도 그리 위험하지 않겠지만 중소도시로 간다면 밤늦게 어두한 골목을 헤매지 않도록 미리 지도를 익혀두도록 한다. 참고로 말레이시아는 치안이 좋은 편이다.

한참이라는 시간

말레이시아 북부 작은 섬에 붙은 '조지타운'이라는 이름은 인사동 전통찻집들 사이에 낀 스타벅스처럼 머쓱하다. 약 2백 년 전영국 식민지 시절, 이곳은 동남아시아의 무역기지였다. 식민지경쟁에 박차를 가하며 해가 지지 않는 나라라 불리던 영국은 전세계 곳곳에 내 거라고 침 바르듯이 자기 나라 군주의 이름을 갖다 붙여놓았다. 이곳 조지타운도 그중 하나다.

유한한 생을 한탄해봤자 소용이 없다. 인간은 호랑이처럼 어디부잣집 카펫으로라도 쓰일 법한 가죽을 가진 것도 아니다. 하다하다 남길 게 없으니 이름이라도 남겨야겠다는 걸까. 동서고금을 막론하고 사람들은 세상에 이름을 남기고자 부단히 애써왔다. 기억되기 위해 묘비를 세우고 족보를 만들어 이름을 올렸다. 이렇게 세상에 남겨진 이름들 중에는 세월의 풍화작용을 견디고길이 남은 이름도 있지만, 대부분의 이름은 바람에 씻겨 날아가버렸다. 조지타운이라는 이름을 되뇌며, 인간의 기억되고자 하는 욕망이 헛된 것인가 아닌가를 고민해본다.

페낭은 모든 것이 생각보다 느리게 돌아가는 곳이다. 어쩌면 모든 게 팽팽 기계처럼 돌아가는 메트로폴리탄 도시를 거쳐 이곳에 왔기 때문에 더욱 그렇게 느끼는 것 같기도 하다. 아이르이땀에 위치한 페낭 힐로 가는 길은 가깝지만 멀었다. 물리적 거리는가까웠지만 그곳까지 가는 수고로움은 그곳을 심리적으로 멀게느껴지도록 만들었다.

드물게 오는 버스를 두 번 갈아타고서야 페낭 힐을 오르는 케이블카 앞에 도착했다. 정상까지 오르는 방법은 두 가지다. 케이블카를 타거나 산악 등반을 하거나. 적도로부터 뜨거운 열기를 실어 나르는 무역풍을 맞으며 잠시만 생각해보면 케이블카를 타는 것이 진리라는 판단이 선다.

암벽을 오르내리는 케이블카를 타고 정상에 닿으면 도보로 산책하기에 좋은 아담한 동네가 나타난다. 힌두 사원도 있고, 놀이터도 있고, 오솔길도 있고, 카페도 있다. 페낭 힐에서는 조지타운 섬과 본토를 모두 조망할 수 있다. 엊그제 건너온 긴 다리는 풍경에 길게 한 획을 긋고 있다. 높은 곳에 오르니 바람이 선선하다. '그래, 이 기분에 산에 오르는 거지'라는 말은 케이블카 타고 정상에 오른 내가 입에 올릴 말은 아니긴 하다.

한참을 걸려 페낭 힐에 가서 느릿느릿 산책을 했다. 그러고는 다시 한참을 걸려 조지타운 시내로 돌아왔다. 도시에 살며 일상에 쫓길 때는 '한참이라는 시간'을 기다리거나 이동하는 데 쓰는 게 못 견디게 아까웠다. 지금은 '한참이라는 시간'을 하염없이 흘려버려도 된다는 사실에 살포시 행복하다. 세상에 나만큼 시간이 남아도는 인간은 없을 것만 같다는 사실도 마냥 뿌듯하다. 써도 써도 넘쳐나는 시간에, 마치 부자가 된 기분이다.

느리게 가는 버스에 앉아 한산한 풍경을 눈에 담았다. 느릿느릿 굴러가는 인력거 바퀴처럼 내 머릿속 생각도 느릿느릿 굴러가다 멈추기를 반복한다. 만약 내가 이곳에서 태어났더라면 어떤 사람으로 살고 있을까. 남자였다면 인력거를 몰고 있을 것 같고, 여자였다면 차도르를 두른 인력거꾼의 아내가 되었을 확률이 높아 보인다.

느림이 주는 여유 속에서 내가 살아보지 못한 다른 삶을 들여다보고 한편으로 그들의 눈에 비친 나를 돌아보기도 한다. 다른 각도에서 바라보면 내가 목숨 걸고 매달리던 것들이 깃털처럼 가볍게 느껴지기도 하고 내가 한 번도 생각지 못했던 것들의 무게를 실감하기도 한다. 내게는 하찮은 것이 누군가는 생을 걸어야 할 만큼 절실할 수도 있고, 그 반대일 수도 있다는 생각. 그렇게 생각하면 세상에 하찮지 않은 게 없고, 동시에 모든 게 하찮아지기도 한다.

♦ 페낭 주 조지타운: 페낭은 말레이시아 북부에 위치한 하나의 주이다. 당신이 여행자라면 분명 페낭 주의 조지타운 섬으로 가게 될 것이다. 본토와 섬을 잇는 다리는 13.5킬로미터에 이른다. 페낭 힐에 오르면 아름다운 섬과 바다, 다리의 풍경을 조망할 수 있다.

내 꿈은 릭샤꾼

선선한 저녁 게스트하우스 앞마당에 놓인 테이블에 앉아 맥주를 벗삼아 손톱을 깎고 있었다. 초승달 열개가 깎여 나가고 반듯해 진 손톱을 보며 흐뭇해하는 내게, "오케이. 이제 다 한 거야?"라 고 누군가 말을 붙인다. 밥을 먹거나 길을 헤매는 것이나, 하다못 해 멍을 때리는 것도 아닌, 손톱 깎는 것을 지켜보는 변태가 다 있다니. 경계심으로 무장한 눈빛을 하고 고개를 돌렸다. 갈색 곱 슬머리에 소처럼 큰 눈망울을 가진 귀여운 청년이 웃고 있었다. 그의 매력적인 미소에 경계심은 스르르 녹아내리고 어느새 나도 배시시 웃고 만다. 웃음은 전염성이 강하다. 특히 서글서글한 눈 빛의 가진 이들의 웃음이라면 더욱 더.

호주에서 왔다는 그의 이름은 하지. 특이한 이름이라고 생각했 다. 그의 옆에는 온몸에 문신을 새긴 여자 친구 캘리와 쿠알라룸 푸르 출신이라는 닉이 함께 있다. 그는 내게 같이 야식이나 먹으 러 가자고 물어보려고 내가 심혈을 기울여 손톱을 깎는 동안 기 다렸다고 했다. 그런 건 물어보나 마나다. 밤에 무언가를 먹자는 유혹은 언제라도 뿌리치기 어렵지 않은가.

우리는 함께 슬리퍼를 질질 끌며 숙소에서 가까운 야시장으로 갔다. 야시장 한가운데 놓인 무대에서는 트로트 가수가 반짝이 는 재킷을 입고 간드러지는 목소리로 노래를 부르고 있다. 우리 는 무대에서 멀찍이 떨어진 테이블에 자리를 잡았다. 말레이시 아 음식에 무지한 호주인 둘과 한국인 하나를 대신해 말레이시 아인인 닉이 몇 가지 음식을 주문했다. 아마존 인디오들이 떡볶이를 처음 먹는다면 이런 모습일까. 우리는 닉이 고른 낯선 음식을 조심스레 맛보았다. 그 맛이 달콤하고도 짭조름하니 오묘했는데 왠지 모르게 좋았다. 마치 몇 번 더 먹다보면 떡볶이처럼 좋아하게 될 것만 같은 맛이었다.

하지는 인도와 말레이시아, 영국의 피가 흐르는 호주 사람이라고 자신을 소개했다. 하지의 아버지는 인도계 말레이시아인이고, 어머니는 영국계 호주 사람이다. 그의 커다란 눈에 묻어 있는 순수함은 인도에서 본 소년들의 그것과 닮아 있다. 아마도 그의 이름도 인도에서는 꽤나 흔한 '철수' 같은 이름일 것이다. 어떤 인종이나 민족, 국가로 그를 규정하는 게 불가능해 보인다. 그의 혈관에는 여러 종류의 피가 흐르고 있고, 그의 사고 역시 여러 문화가 켜켜이 배어 있을 테니까. 규정하기 좋아하는 사람들이 만들어낸 인종과 국적의 분류를 비웃기 위해 신이 그의 아버지와 어머니를 사랑에 빠지게 만든 것은 아닐까.

야참을 먹고 숙소로 돌아오는 길. 하지는 길가에 손님을 기다리는 인력거 기사에게 가더니 돈을 내민다. '게으른 녀석, 숙소도 코앞인데 저걸 타려고 하다니.' 생각하는 순간, 그는 기사에게 손님 자리에 타라고 등을 떠밀고는 자기가 운전을 해보겠다고 한다. 인력거를 운전해보는 게 평생의 소원이었다며. 인력거 기사는 어리둥절해하면서 손님 자리에 타고 하지는 운전석에 앉아 비틀비틀하더니 이내 힘차게 페달을 밟고 앞으로 나아간다. 젓가락처럼 비쩍 마른 그의 다리를 보니 인도의 릭샤꾼이 떠오른다. 역시 그의 핏속에 인도 릭샤꾼의 유전자가 흐르고 있는 게 분명하다. 그의 할아버지가 말레이시아로 넘어오는 모험을 하지 않았더라면, 그의 아버지가 이국의 여인과 사랑에 빠지지 않았더라면, 어쩌면 그는 인도의 릭샤꾼이 되었을지도 모를 일이다. 오묘한 그의 생김새를 보면 세상 모든 것이 우연의 산물인 것만 같다.

인력거는 금세 숙소 앞에 도착했다. 신나 죽겠다는 얼굴로 운전석에서 내리는 그를 보니 왠지 조금 뭉클했다. 돈으로 사는 안락한 서비스보다는 경험 자체를 통해 즐거움을 얻는 사람을 만날 때면, 길고 고생스러운 나의 여행도 한순간에 위로 받고 만다.

그러고 보면 나도 그처럼 터무니없는 꿈을 살아가고 있는 것 같다. 중학생 시절 코 묻은 돈을 모아 당장 떠날 사람처럼 유럽 여행 가이드북을 샀었다. 두꺼운 가이드북을 베개 맡에 두고는 밤마다 노란 불빛 아래 책이 너덜너덜해질 때까지 읽고 또 읽었다. 혼자 어디로든 갈 수 있는 나이가 되길 바랐다. 그때가 되면 여행을 다니며 글을 쓰고 싶었다. 대외용 장래희망은 주기적으로 그럴 듯한 직업으로 옷을 갈아입었지만, 글을 쓰며 살고 싶다는 꿈은 한 번도 마음을 떠난 적이 없다. '글밥'을 먹는다는 게 얼마나 어려운 일인지 아는 어른이 되어서도.

꿈을 이룬 기쁨으로 반짝거리는 하지의 눈빛을 보며, 나는 그제야 내 눈빛도 반짝거리고 있음을 알아챘다. 아무리 하찮은 일이라고 비웃음을 살지라도 꿈을 살아내는 사람들의 눈빛은 언제라도 반짝거리는 법이니까.

♦ 말레이시아의 야시장: 밤이 내리면 거리는 한산해진다. 사람들이 다 어디 갔나 했더니 야시장이 바글바글하다. 말레이시아 음식, 인도 음식, 중국 음식에 퓨전 요리까지 동남아시아에서 상상할 수 있는 모든 음식들을 만나볼 수 있다. 푸드코트처럼 여러 상점에서 각각 주문하고 아무 테이블에나 앉아서 먹으면 된다. 대부분의 야시장은 오후 6~7시쯤 시작해 자정 무렵까지 이어진다. 차이나타운과 바투 페링기 야시장이 가볼 만하다.

♦♦ 페낭의 인력거, 트라이쇼: 페낭의 인력거는 도시의 명물과도 같다. 인도에서는 이러한 인력거를 릭샤라고 부르지만, 페낭에서는 트라이쇼Trishaw라고 부른다. 자전거를 개조한 삼륜 인력거로, 손님을 태울 수 있는 좌석과 햇빛 가리개 우산과 화려한 꽃 장식을 한 트라이쇼는 주로 페낭 투어의 수단으로 쓰인다. 30~50링깃으로 30분~1시간 탑승할 수 있다. 탑승하기 전 흥정은 필수.

바투 페링기 해변

해변을 따라 늘어선 리조트들은 저마다 가장 멋진 프라이빗 비치를 가졌다고 자랑하지만, 바다는 누구의 것도 아니라는 듯 어디에서 바라보든 아름답다. 누구든 찾아와 모래를 밟고 발을 적시며 한나절을 보낼 수 있는 프리 비치로 갔다. 서걱한 모래 위에 앉아 무릎을 끌어안고 한참 동안 바다를 바라본다.

해가 서서히 지고 있다. 쾌속 보트에 연결된 줄 끝에는 알록달록한 낙하산이 팽팽하게 펼쳐져 있다. 패러글라이딩을 즐기는 사람들의 가슴 벅찬 외침이 들려온다. 해변을 거닐던 갈매기가 한심한 눈으로 그들을 올려다본다. 그래봐야 하늘을 나는 기분이겠지, 라고 비웃듯이.

많은 사람들이 살면서 꼭 해봐야 하는 버킷리스트에 패러글라이딩과 스카이다이빙을 올려놓지만, 내게는 살면서 결코 해보지 않을 일에 그것들이 올라가 있다. 비행기로 하늘을 나는 것만으로도 내 심장은 이미 감당하기 힘든 가슴 벅찬 감정을 견디고 있으니까.

혼자 여행하는 나를 보며 어떤 이들은 대단한 모험심을 가졌다고 추켜세웠지만, 사실 나처럼 시시하고 밋밋한 것을 좋아하는 사람도 드물 것이다. 나는 베어 그릴스(디스커버리 채널의 다큐멘터리 〈인간과 자연의 대결Man vs. Wild〉에 나오는 영국 특수부대 출신 모험가)가 아니다. 목숨을 걸고 스릴을 즐긴다거나 위험을 모험이라 포장하지 않는다. 짜릿함보다는 차라리 심심함을 즐긴다. 높은 음이 빨리 사라지는 것처럼 고조된 감정은 빨리 증발하고 만다. 되레 묵묵한 감정은 가슴 밑바닥에 오래오래 남는다. 목숨이 날아가는 줄 알았던 짜릿한 놀이기구보다 지금처럼 잔잔한 바닷가 풍경이 가만가만 마음에 오래 머무는 것도 같은 이유일 것이다.

♦ 해변에서 패러글라이딩: 해변에 발을 딛는 순간 누군가 당신에게 다가올 것이다. 패러글라이딩을 하지 않겠냐고. 가격은 한화로 3만 원 남짓, 시간은 5분 남짓. 동남아시아의 물가 치고는 다소 비싼 편이지만, 하늘과 바다의 스릴을 동시에 만끽하려는 자에겐 수긍할 만한 가격이다. 해 질 무렵 알록달록한 패러글라이딩이 점점이 하늘을 날아다니는 풍경이 아름답다.

♦♦ 바투 패링기 해변: 인도양을 향한 페낭 섬 북쪽에 위치한 아름다운 바투 패링기 해변은 조지타운 시내에서 버스로 30분 정도 걸린다. 제트스키나 패러글라이딩, 스노클링과 스킨스쿠버 등 다양한 해양 스포츠를 즐길 수 있다.

03.
태국

Thailand

태국

반도의 중심부에 위치한 태국은 차오프라야 강과 태국 만을 중심으로 발전을 이루었다. 아시아에서는 유일하게 유럽 열강의 식민 지배를 받지 않은 나라로 역사적 자부심이 강하다. 국민의 95퍼센트가 불교 신자일 만큼 믿음이 강한 불교 국가이고 유서 깊은 불교 사원이 많다. 유럽의 모든 길이 로마로 통한다면 동남아시아의 모든 길은 방콕으로 통한다고 해도 과언이 아니다.

맛보기

○ 팟타이Phat Thai 국수와 숙주나물, 야채와 해산물을 뜨거운 불에 빠르게 볶아낸 요리로, 고급 레스토랑에서 포장마차까지 태국 어디서든 맛볼 수 있다.

○ 쏨땀Somtam 파파야를 넣은 태국식 샐러드. 동북부 지역에서 유래한 전통음식이다.

○ 똠얌꿍Tom Yam Kung 왕새우를 주재료로 한 매콤하고 달콤한 스프.

○ 땡모빤Watermelon Juice 태국에서 쉽게 접할 수 있는 여러 과일 주스 중 수박 주스가 인기가 좋다.

행사 즐기기

○ 2월 치앙마이 꽃 축제Chiang Mai Flower Festival '북방의 장미'라는 별명을 가진 치앙마이에서 꽃이 만발하는 시기에 열리는 지역 행사.

○ 3월 마카 푸차Magha Puja 공양을 하고 설법을 듣는 불교 행사.

○ 4월 쏭크란 축제Songkran Festival 새해맞이 축제. '물의 축제'라고 부르기도 하는데 서로 물을 뿌리며 복을 빌어주고 더위를 식히기도 한다.

○ 5월 위싸카 푸차Visakha Puja 부처의 일생을 기리는 날로 촛불 행사가 열린다.

○ 7월 카오 판싸Khao Phansa 스님들의 안거 수행이 시작되는 날.

○ 11월 러이끄라통Loi Krathong 왕과 강의 여신을 기리기 위해 꽃과 촛불로 장식한 배를 떠워 보내는 행사이다.

○ 12월 국왕탄신일the King's Birthday 국왕의 생일인 12월 5일을 전후로 축하 행사가 열린다.

① 핫야이

둘러보기

○ 핫야이 시립 공원Hat Yai Municipal Park 시내로부터 6킬로미터가량 떨어져 있어 접근성은 좋지 않지만 잔잔한 연못과 조각상, 나무와 꽃으로 아름답게 꾸며져 느긋하게 휴식을 취할 수 있는 쉼터이다.

○ 송클라Songkhla 핫야이에 이웃한 송클라 주의 행정 수도. 싸밀라 해변 Samila Beach에는 코펜하겐의 인어공주 동상과 비슷한 동상이 있어 많은 사람들이 함께 기념사진을 찍는다. 태국에서 가장 큰 담수호인 송클라 호수에 떠 있는 코요Ko Yo섬에서는 한적하게 산책을 하고 신선한 해산물을 맛볼 수 있다.

쇼핑하기

○ 리가든 플라자Regarden Plaza 방콕과 같은 대도시에 비하면 소박하지만 핫야이에서 가장 붐비는 복합 쇼핑몰이다. 중저가 브랜드나 프랜차이즈 레스토랑, 서점, 기념품 가게, 영화관 등이 들어서 있다.

돌아다니기

○ 핫야이 시내 시내에만 머문다면 도보나 자전거로도 충분히 돌아볼 수 있다.

○ 핫야이-송클라 시계탑 앞에서 송클라로 가는 미니밴Minivan을 탈 수 있다. 요금은 30바트.

국경을 건너

페낭에서 핫야이로 가는 12인승 미니밴을 예약했다. 장거리 이동을 하기 전에 샤워도 하고 아침도 먹고 짐도 챙겨야 했기에 일찌감치 눈을 떴다. 주섬주섬 수건과 속옷, 칫솔과 샴푸, 정신머리를 챙겨 샤워실로 향했다. 날씨가 더운 곳일수록 누구도 일찌감치 일어나서 관광을 다니겠다며 부지런을 떨지 않는다. 이른 아침의 숙소는 조용했다. 샤워실은 공중 화장실처럼 부실한 칸막이만 놓여 있지만 태연하게도 남녀 공용이다. 최소한의 비용을 지불하고 최소한의 필요만 충족시키는 이런 시설이 이제는 꽤나 익숙하다.

사부작사부작 짐을 챙기고 프론트 데스크에 열쇠를 반납했다. 간이식당에서 간단한 아침을 챙겨 먹었다. 키가 클 나이도 아닌데 왜 먹고 돌아서면 배가 고플까, 생각하며 토스트를 한 장 더 구우려는데 누군가 내 이름을 부른다.

숙소 앞에는 미니밴이 기다리고 있다. 운전기사가 내 배낭을 받아 트렁크에 구겨 넣는다. 나는 한국에서 수출되었을 반가운 스타렉스의 문을 열고 차에 올라탔다. 내가 마지막으로 타는 승객인지 맨 뒷줄 가운데 한 자리만 남아 있다. 양옆으로 끼어 타 불편한데다가 안전하지도 않은 복도의 끝자리 말이다. 차가 출발하고 등뒤로 페낭의 골목 풍경이 점점 작아진다.

♦ 여행자의 교통수단, 미니밴: 여행사에서 운행하는 미니밴은 동남아시아 배낭 여행자들이 가장 쉽게 이용하는 교통수단이다. 로컬 버스보다 조금 비싸지만, 목적지까지 빠르고 안전하게 갈 수 있다. 장거리를 이동하는 로컬 버스가 있는지 없는지, 있다면 언제 출발하고, 티켓은 얼마인지, 어디서 타야 하는지 등의 정보를 얻는 것은, 현지어를 못하는 여행자에게는 어려운 일이다.

♦♦ 핫야이 가는 미니밴: 미니밴을 예약하기 위해 여행사를 찾아다니며 고생할 필요는 없다. 게스트하우스나 호텔의 프론트 데스크 직원에게 목적지와 날짜를 이야기하면 미니밴을 운영하는 여행사에 대신 예약을 해준다. 출발하는 날 아침 숙소 앞으로 미니밴이 픽업을 온다. 말레이시아 북부 도시 페낭에서 태국 남부도시 핫야이까지는 약 4시간이 걸리고, 요금은 30~40링깃 수준이다.

오랜 시간을 달렸다. 꾸벅꾸벅, 양쪽 어깨에 번갈아가며 헤드뱅잉을 하고 있다는 것을 어렴풋이 알겠다. '왼쪽에 너는 친구랑 붙어 앉았고, 오른쪽에 너는 창가에 앉았으니까 이 정도는 좀 참아봐' 생각하며, 꾸벅꾸벅. 얼마쯤 지났을까, 차가 멈췄다. 나도 헤드뱅잉을 멈추고 흐트러진 머리카락을 추슬렀다. 창밖으로 총을 든 군인 몇몇이 걸렁하게 모여 앉아 심심한 표정을 짓고 있다. 국경 지역인 듯하다. 차에서 내렸다. 고속도로 톨게이트 같은 허름한 입국장으로 한 명씩 여권을 보여주고 도장을 받고 지나간다. 내 차례가 되자 출입국 사무직원은 내 여권을 보더니 '사우스? 노스? 김정은?' 같은 농담 축에도 못 끼는 시시껄렁한 농담을 던진다. 하지만 내가 별 반응을 보이지 않자 도장을 쾅 찍어주며 지나가란다.

가장 먼저 국경을 통과해 기다리던 운전기사는 매점과 화장실을 가리키며 갈 사람은 다녀오라고 했다. 언제 다시 들를 수 있을지 모르기에 화장실은 갈 수 있을 때 가자는 주의인데, 여기는 치사하게 돈을 내라고 한다. 더이상 돈 쓸 일 없을 줄 알고 말레이시아 링깃은 잔돈까지 미리 다 써버리고, 기념주화로 간직할 동전 하나만 남은 상태다. 3백 원 남짓한 이 동전을 기념품으로 간직할지 별로 급하지도 않은 화장실을 가는 데 쓸지 고민했다. 지금부터 물을 마시지 않으면 몇 시간은 참을 수 있을 것 같다. 여행을 할 때 나는 물을 잘 마시지 않는다. 요의를 견디는 것보다 목마름을 참는 것이 더 쉬우니까.

미니밴은 국경을 건너 지루한 풍경을 밀어내며 핫야이를 향해 달렸다. 중간 자리에 끼어 앉아 꼿꼿하게 버텨온 내 허리처럼 찌뿌드드한 하늘이 정오 무렵부터 비를 퍼붓는다. 창밖으로 드문드문 3층이 넘는 건물이 나타나기 시작했다. 전봇대가 많아지고 신호등이 보이고 건물과 건물 사이 간격이 가까워진다. 도시의 풍경이라는 게, 사람이 모여 산다는 게, 결국은 다 비슷비슷한가보다.

나를 제외한 다른 승객들은 동행이 있거나 목적지가 있었다. 중간중간 차를 세워서 쏙쏙 내린다. 그중에 핫야이가 처음이라는 여행자도 있었는데, 정확한 목적지에 차를 세워 내리는 것을 보니 괜한 배신감이 든다. 그도 나와 비슷한 줄 알았는데, 대책 없는 인간은 나뿐이라니. 동행도 없고 갈 곳도 정해두지 않은 나는 가장 마지막까지 차에 혼자 남았다. 그제야 운전기사는 내게 어디서 내릴 거냐고 묻는다. 나는 난생처음 도시에 온 순진한 시골 쥐처럼 가장 번화한 시내, 다운타운으로 가달라고 했다. 핫야이에 다운타운이 있는지 없는지도 모르면서. 기사는 몇 블록을 지나 커브를 틀더니 내리라고 했다. 귀찮아서 그냥 아무 곳에나 내리라는 건가. 전혀 번화한 것 같아 보이지 않았지만 핫야이 버스 터미널 앞이라고 한다.

오 마이 백팩!

시원하게 비가 쏟아졌다. 동남아시아의 소나기는 반짝 내리고 그
치는 게 보통인데, 아까부터 줄기차게 내리고 있다. 둘 중 하나
다. 내가 비구름을 따라 이동했거나 비구름이 나를 따라 이동했
거나. 지붕을 슬레이트로 덧댄 낡은 건물의 처마 아래 걸터앉아
비가 그치기를 기다렸다. 기다리는 것 외에는 별 수가 없다. 어디
로 가야 할지 모르는 지금, 세차게 내리는 비가 오히려 고맙다.
좀더 오래 눌러앉아 심오한 멍의 세계에 빠져 허우적거리고 싶
었는데 비가 뚝 그친다. 언제나 그렇듯 날씨는 내 편이 아니다.

자리를 털고 일어나며 어디로 가야 할지 무엇을 해야 할지 생각했다. 일단 말레이시아 돈이든 태국 돈이든 가진 게 한 푼도 없으니 ATM에서 돈부터 찾아야 한다. 그러고는 거북이 등껍질처럼 무거운 배낭을 풀어놓을 숙소를 찾아야겠지. 그다음엔 이 습습한 더위를 날려줄 맥주 한 잔을 마셔야겠다. 그래 일단 여기까지만 생각하자.

무릎을 짚고 축 처진 몸을 일으켰다. 배낭을 고쳐 메고 허리춤에 달린 벨트를 채우려는데, 뚜둑- 하는 불길한 소리가 들려왔다. 내려다보니 왼손에 쥔 허리 벨트가 반쯤 부서져 조각나 있다. 히말라야 등반가도 아닌 주제에 비싼 아웃도어 용품은 허세라는 생각으로 처음 들어보는 브랜드의 저렴한 배낭을 샀던 건데, 이제는 값어치를 다했나보다. 주제 파악 못하고 허세 좀 부려둘걸, 후회가 밀려든다. 아직 배낭과 동행할 길이 구만리인데 그 무게를 온전히 어깨로만 감당해야 하다니. 어쩌면 가슴이나 허리, 엉덩이와 달리 어깨는 하늘을 바라보고 있어 애초에 짊어지는 역할을 위해 발달한 신체 기관일지도 모른다는 생물학적 추론 따위는 이 절망적인 상황에 손톱만큼도 도움이 되지 않는다.

앞으로 얼마나 고생을 하게 될지 알 수 없다는 생각이 밀려드는
데, 피식 웃음이 난다. 뜻대로 되지 않는 인생에 화를 내고 짜증
을 부려봐야 별 소용없는 것처럼 여행도 마찬가지다. 언제는 여
행이 계획대로 돌아간 적이 있던가. 계획과 우연 사이에 늘 아슬
아슬한 줄타기를 하는 게 여행 아니던가.

♦ 여행자의 필수품, 좋은
배낭: 배낭은 좋은 것으로
사야 한다. 배낭여행자에
게 좋은 배낭은 절대 사치
가 아니다. 40리터짜리 배
낭으로 봄에서 가을까지 여
행할 짐을 담기에 부족함이
없었다. 물론 당신에게 필
요한 것들이 많다면 어떤
크기의 배낭도 작을 것이
다. 배낭의 크기와 어깨에
짊어질 무게는 비례한다는
것을 잊지 않도록 하자.

거긴 뭐 하러 가는데?

"거긴 뭐 하러 가는데?"

페낭을 거쳐 핫야이로 갈 계획이라고 했을 때 사람들의 반응이다. 나도 모른다. 거기에 뭐가 있는지. 다만 그곳에서 치앙마이로 가는 1만 7천 원짜리 항공권을 샀으니 겸사겸사 뭐가 있나 가보려는 것이다. 가봐야 볼 게 없다는 김빠지는 소리도 자꾸 들으니까, 세상에 볼 게 없는 곳이 어디 있나 싶은 마음에 꼭 가서 뭐라도 봐야겠다는 오기가 생긴다.

핫야이에 도착해 얼마나 볼 게 없나 거리를 쏘다녀보니, 과연 듣던 대로다. 여행자에게 재미를 줄 만한 명소가 있는 것도 아니고 관광 인프라가 잘 구축되어 다니기나 편한 것도 아니다. 조금이나마 정신이 붙어 있는 여행자라면 핫야이에 굳이 찾아와 이틀이나 머무는 일은 하지 않을 것이다. 첫째 날은 하릴없이 설렁설렁 시간을 보냈다. 지루한 시간은 흘려보내려 하면 할수록 지독한 여편네처럼 바짓가랑이를 붙잡고 늘어진다는 진부한 깨달음을 일기장에 끼적거리며.

이튿날 망해가는 쇼핑몰 앞에 머쓱하게 자리한 관광 안내소 문을 두드렸다. 나이 든 아저씨는 의자를 뒤로 젖히고 앉아 졸고 있었고, 의욕은 앞서지만 영어가 서툰 여직원이 긴 말 없이 송클라에 가보라며 안내 책자를 내어주었다. 시장 건너편 육교에 가면 송클라로 가는 미니밴이 20분에 한 대씩 다닌다고 했다. 자는 아저씨를 깨워 털어도 더 알찬 정보가 나올 것 같지 않은 분위기

다. 속는 셈치고 송클라에 가보는 수밖에. 온 세상이 정보의 홍수
에 허우적거리는데, 핫야이는 가뭄에 바짝 말라 쩍쩍 갈라지는
논바닥 같다. 속아주고 싶어도 속아줄 정보가 없다. 그녀가 내민
책자는 가뭄을 뚫고 용케 올라온 새싹이다.

이마 위로 손차양을 만들어 뜨거운 볕을 가리며 시장 앞 육교로
갔다. 정류장도 아닌 공터에서 용케 송클라로 가는 미니밴을 찾
아냈다. 빈자리 없이 승객을 꽉 채워 출발했는데 조금 달리다가
길가에서 손을 흔드는 사람을 한 명 더 태운다. 노선번호도 안
붙은 일반 승합차가 송클라에 가는지 마는지, 어떻게 알고 차를
세운 걸까. 운전기사는 빈자리도 없는데 어쩌려고 사람을 더 태
우려는 걸까. 설마 내 무릎 위에 앉는 건 아니겠지 생각하며 다
리를 꼬아 앉았다. 뒤늦게 올라탄 남자는 익숙한 듯 문과 의자
사이에 끼어 있는 나무판자를 꺼내더니 좌석과 좌석 사이에 그
것을 괴어 자리를 하나 만들어냈다.

◆ 핫야이의 대중교통: 태국
제3의 도시라는 핫야이에
는 번호가 붙고 루트가 정
해진 대중교통이 없다. 현
지인들만 아는 비밀스러운
것이 있으려나 싶지만, 적
어도 여행자에게는 없다.
오토바이 옆에 수레를 달고
달리는 뚝뚝Tuk tuk, 빨간 미
니트럭 썽때우, 사람을 다
채우면 정해진 목적지(공
항이나 다른 도시)로 가는
미니밴만이 여행자가 이곳
에서 이용할 수 있는 대중
교통이다.

189

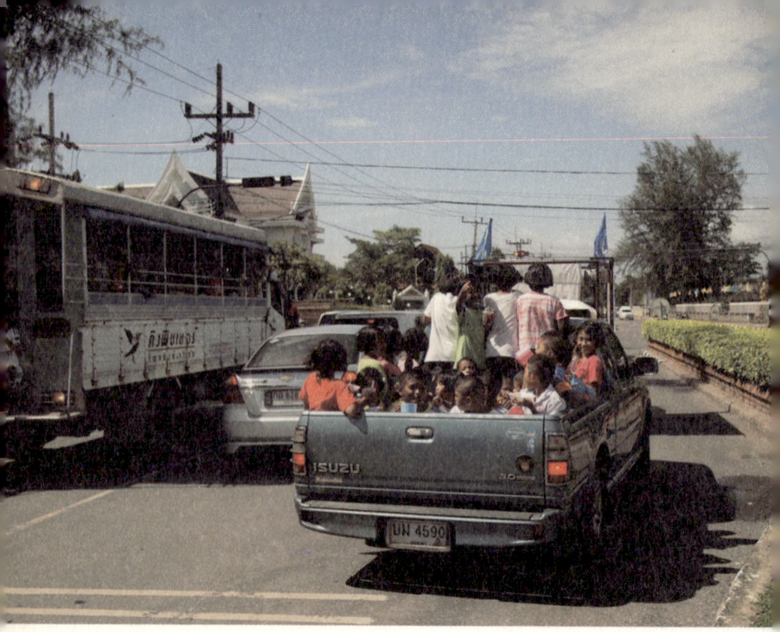
ISUZU

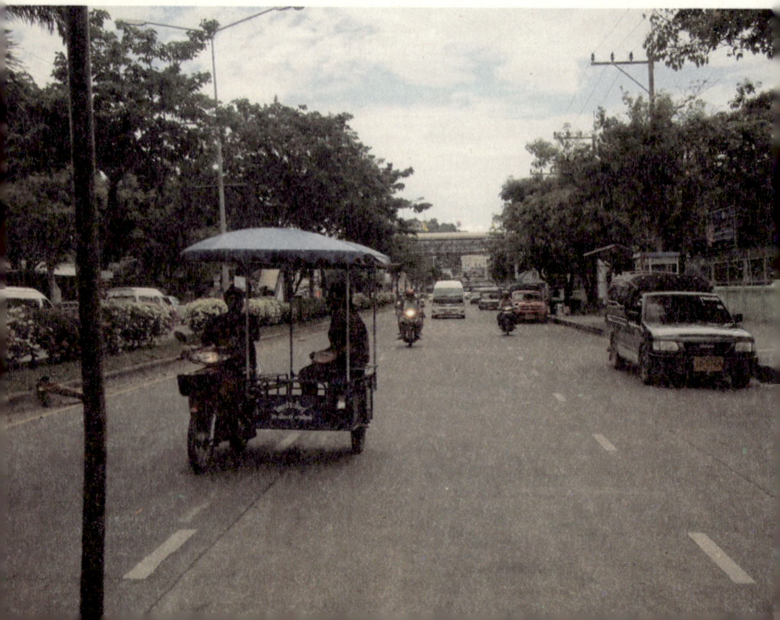

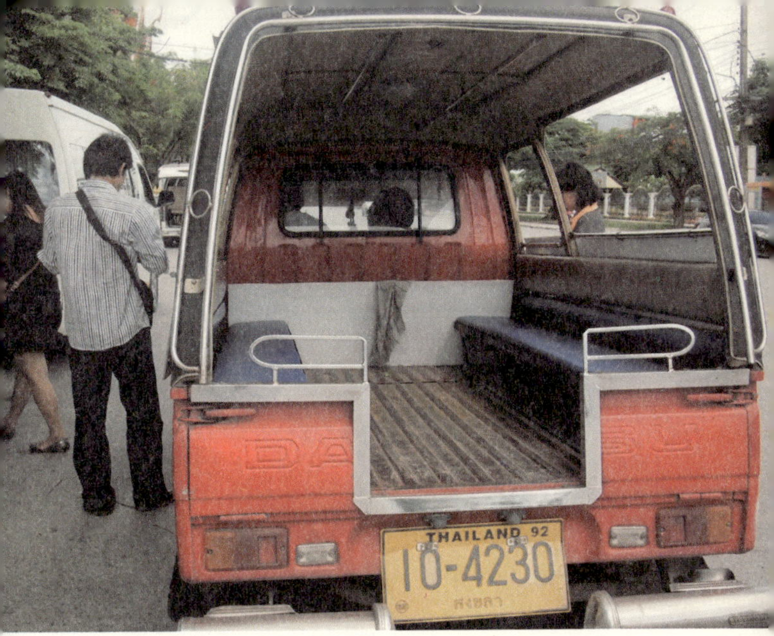
THAILAND 92
10-4230

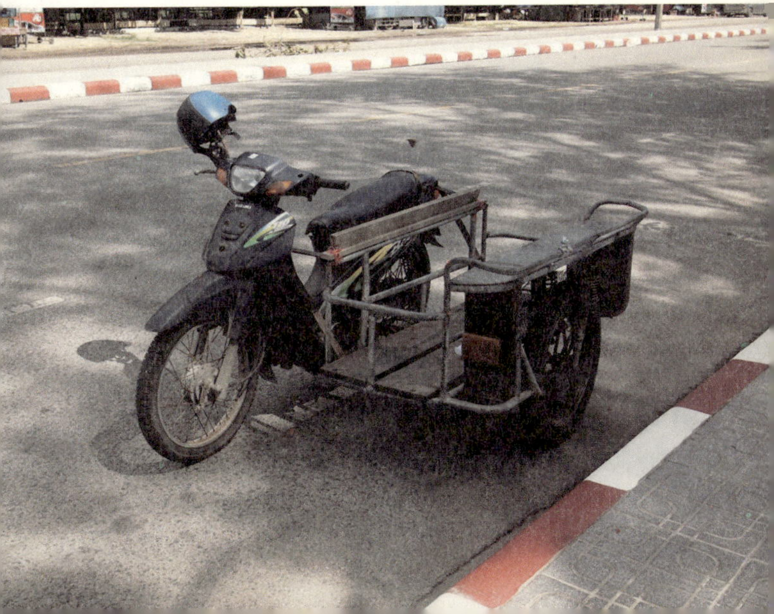

그제야 사람이 다 찼다고 생각했는지 운전기사는 라면 냄비만한 바구니를 뒤로 넘겼다. 맨 뒤에서부터 30바트씩 넣어 앞으로 전달했다. 마치 교회에서 헌금을 내는 것과 비슷했다. 돈을 다 걷고 나서 운전기사가 눈을 감고 기도하지 않았다는 것만 빼면. 누군가 돈을 안 내거나 덜 내면 어떻게 될까 궁금했는데, 운전기사는 바구니를 슬쩍 확인하고는 별말이 없다.

푸른 들판 위로 쭉 뻗은 사차선 도로 위를 달렸다. 규칙적이고 정돈되었다고 믿었던 세계를 벗어나 또다른 규칙이 존재하는 예측 불가의 세계를 달리고 있다. 핫야이에서 26킬로미터 떨어진 송클라에 한 시간도 안 걸려 도착했다. 도착하자마자 소나기가 쏟아져 잠깐 상점을 구경하며 비가 멈추기를 기다렸다. 동남아시아에서 가장 먼저 익히는 기술은 비가 그치기를 기다리는 법이 아닐까.

바다를 접하고 있는 송클라 주변으로 작은 어촌이 모여 있다기에 구경을 가보기로 했다. 내려야 할 정류소가 딱히 정해져 있지 않은 썽떼우에 올라탔다가 내려야 할 곳을 놓쳐버렸다. 썽떼우 기사는 휑한 시골길 한복판에 나를 내려주고는 먼지를 일으키며 사라졌고, 나는 반대편으로 길을 건너 다시 썽떼우를 잡아탔다. 말도 안 통하는 주제에 그렇게 하는 스스로를 기특하다 생각하며.

◆◆ 핫야이와 송클라: 핫야이와 송클라는 태국 남부 송클라 주에 속한 대도시이다. 말레이시아와 국경을 접하고 있으며 국제공항을 품고 있는 핫야이는 비지니스의 중심지이며 송클라 주에서 인구도 가장 많다. 하지만 송클라 주의 주도는 규모가 더 작지만 정치와 행정의 중심지인 송클라이다. 30분 거리에 위치한 두 도시는 명실공히 태국 남부의 중심 도시이다.

어렵게 도착한 어촌은 시시했다. 원래 사람 사는 모습은 시시한 거니까. 재밌어 보인다면 그건 꾸며진 연극 무대일 것이다. 사람들이 볼 게 없다고 말한 이유를 알 것 같다. 이곳은 관광 당하기 위해 인공적으로 꾸며놓은 곳이 아니다. 관광객을 위한 친절한 표지판 따위는 찾아볼 수도 없거니와 시원한 음료를 사먹고 앉아서 쉴 만한 그늘도 마땅치 않다. 그런데 왠지 그런 불편함과 불친절이 자연스러워 좋았다. 돈 좀 쓰고 가라는 의도를 노골적으로 드러내는 잘 꾸며진 관광지와는 다르다. 돈 쓸 곳 없으니 알아서 구경하다 어여 가라는 듯한 투박한 맨얼굴 같다.

다시 썽때우를 잡아타고 싸밀라 해변으로 갔다. 전 세계에서 가장 실망스러운 관광자원으로 늘 순위권에 오르는 코펜하겐의 인어공주 동상과 비슷한 것이 여기에도 하나 있다. 다른 점이 있다면 기대 없이 갔으니 실망할 이유는 없다는 것. 전망이 좋지 않은 자리에 위치한 슈퍼마켓과 포장마차 중간쯤 되어 보이는 어정쩡한 가게에 앉아 맥주를 마셨다. 그리고 미니밴을 타고 다시 핫야이로 돌아왔다.

돌아보면 핫야이에서 보낸 이틀은 하잘 것 없는, 일상도 여행도 못 되는 날들이었다. 사람들 말처럼 나도 나에게 묻고 싶었다. 거긴 뭐 하러 갔냐고. 핫야이에서 도대체 뭘 했는지 나도 모르겠다. 무엇을 꼭 해야 하는가 싶은 생각이 들었던 것만 기억이 날 뿐.

ป้อมพระสุเมรุ

PHRA SUMEN FORT

ป้อมพระสุเมรุ สร้างในสมัยรัชกาลที่ ๑ เป็นป้อมก่ออิฐถือปูนทรงแปดเหลี่ยม หันหน้าออกริมคลองบางลำพู
จากฐานคลองป้อมและกำแพงเป็นฐานอยู่ต่ำจากระดับผิวดิน ๒ เมตร วัดจากด้านเหนือไปใต้กว้าง ๔๕ เมตร สูงจากพื้นดิน
วงยอดใบเสมาบนป้อม ๑๐.๕๐ เมตร และสูงจากพื้นป้อมชั้นบนถึงหลังคาหอรบ ๑๘.๗๐ เมตร ลักษณะเป็นป้อม ๓ ชั้น มี
บันไดขึ้นป้อมจากด้านในกำแพง ๑ บันได มีเชิงเทินและแผงบังปืน ป้อมชั้นล่าง แบ่งเป็น ๒ ส่วน โดยมีกำแพงที่มีใบเสมา
เป็นปลายเหลี่ยมกั้นระหว่างผนังป้อมชั้นล่างและชั้นบน มีประตูออกไปส่วนหน้าของป้อม และมีส่วนหน้าของป้อมชั้นล่างที่มี

세상 모든 언어의 쓸모와 난이도가 엇비슷하다면, 어떤 외국어를 배우고 싶은가? 나는 거리낌 없이 태국어라고 대답할 것이다. 태국어는 매력적인 언어임이 틀림없다. 태국어 소리에는 가슴 밑바닥에서부터 퐁퐁 샘솟는 유쾌함이 느껴지고, 태국어 글씨에는 정성스럽고 섬세한 손놀림이 느껴진다. 동글동글 오밀조밀 귀여운 글자라는 생각이 든다. 하수도 공사 안내문이나 범죄자 수배 전단지에 이렇게 귀여운 언어를 써도 되나 싶을 정도로.

소설 『엄마를 부탁해』를 읽었을 때, 문맹으로 산다는 것이 어떤 느낌일지 궁금했다. 눈에 보이는 수많은 글자들 중 단 한 글자도 읽을 수 없다면 얼마나 답답할까. 애써 상상해보아도 잘 그려지지 않았는데, 태국에서 나는 의지와 무관하게 문맹이 되어버렸다. 태국어 글자는 알파벳도 아니고, 한자나 히라가나도 아닌 완전한 미지의 언어다. 어떤 글자가 어떤 소리를 내는지 가늠조차 할 수 없는 암호에 가까운 표시들. 간판이나 표지판에 드물게 쓰인 알파벳 몇 글자를 제외하고는 읽을 수 있는 글자가 단 한 글자도 없었다.

이해하려고 노력할 엄두조차 나지 않는 언어를 쓰며 살아가는 사람들과 나는 어설픈 영어가 맞닿을 때에야 어렴풋이 생각의 귀퉁이를 보여줄 수 있을 뿐이다. 어쩌면 평생 따뜻한 안부 인사 한 번 제대로 나누지 못할 것 같다는 생각이 들자, 바로 손 내밀면 닿을 거리에 있는 이들에게 우주만큼 광활한 거리감을 느끼며 막연해진다.

핫야이에 온 뒤로 나는 눈을 크게 뜨고 귀를 쫑긋 세우며 말귀를
알아듣고자 노력했다. 언제부터였을까. 한마디도 이해하지 못하
는 와중에 예전에는 놓쳤던 사람들의 따뜻한 미소와 정다운 손짓
이 눈에 들어오기 시작했다. 그들과 나 사이 언어의 간극을 미소와
손짓이 메우고 있다는 것을 왜 몰랐을까. 뜻 모를 말들을 거둬내고
나니 보드라운 마음이 놓여 있다는 것을.

글자만 좇느라 놓쳤던 것들이 눈에 들어오는 순간, 진심이란 어설
픈 언어로는 담아낼 수 없는 미묘하고도 거대한 것일지도 모르겠
다고 생각했다.

♦ 신비의 언어, 태국어: 태국어는 중국어보다 하나 많은 5개의 성조가 있어 말소리가 노래처럼 들린다. 글자를 따라 쓰다보면 그림을 그리는 것 같은 기분이 든다. 띄어쓰기도 없어 도대체 어디쯤에서 숨을 쉬어야 할지, 읽을 줄은 모르지만 보기만 해도 숨이 찬다. 마침표나 물음표 같은 문장부호를 쓰지 않는다. 애매모호하게 드러낼 듯 감추고 그러한 듯 아니한 연애편지에 적합한 언어가 아닐까, 생각이 든다.

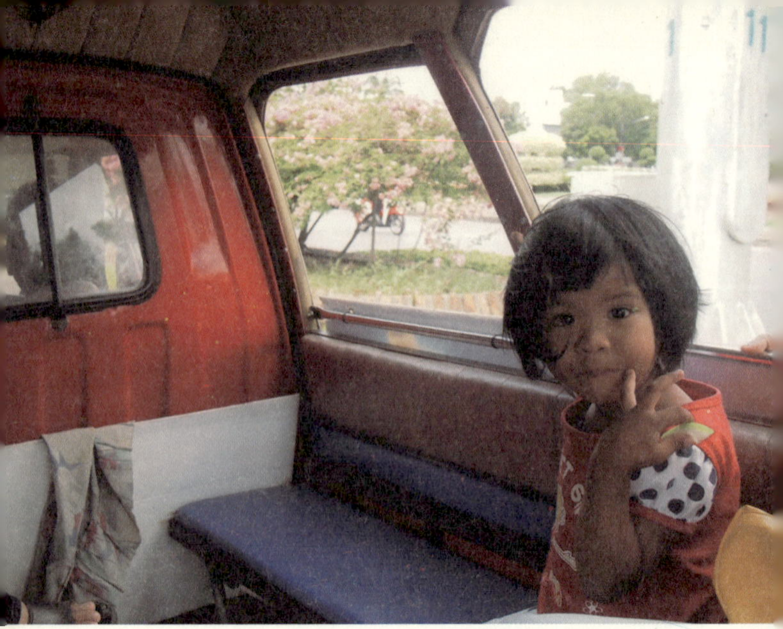

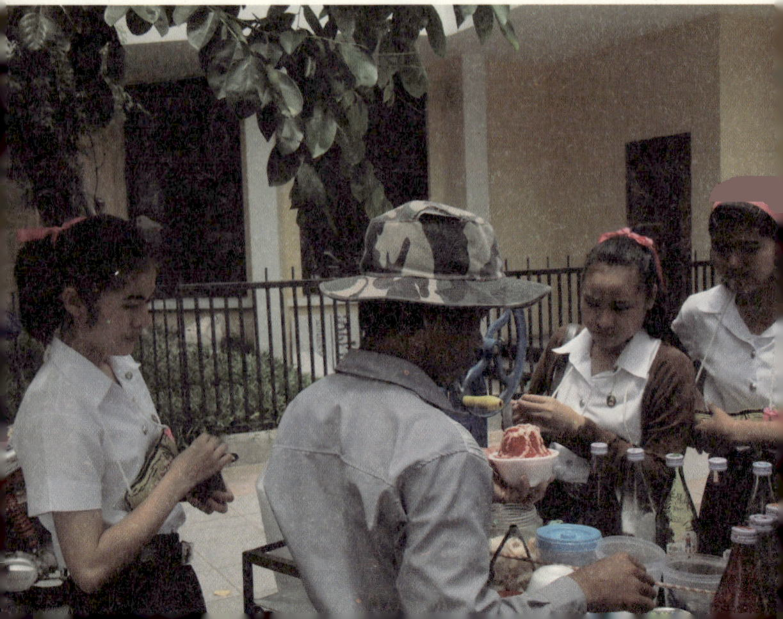

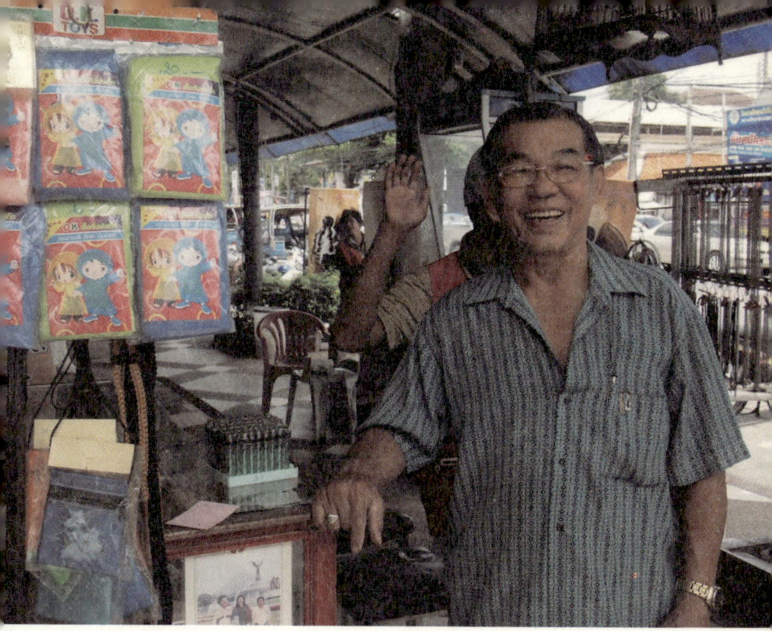
TOYS

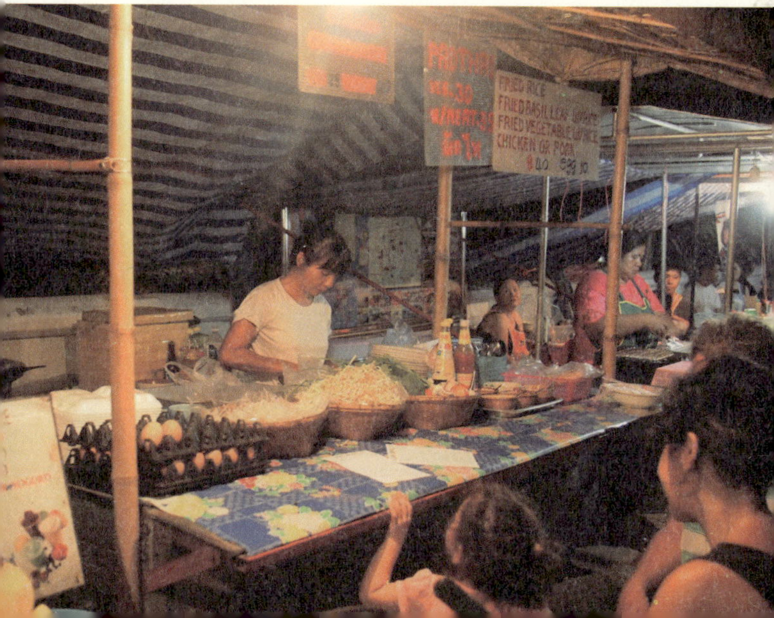
FRIED RICE
CHICKEN OR PORK

② 치앙마이

주요 지역 살펴보기

○ 올드 타운Old Town 란나 왕조의 수도가 있던 곳이며 성벽과 해자에 둘러싸여 있다. 치앙마이를 대표하는 여러 불교 사원이 자리하고 있다. 고즈넉한 풍경과 느긋한 분위기를 품고 있다.

○ 강변 & 나이트 바자 주변 지역Riverside & Night Bazzar Area 저녁 무렵에 시장이 열리며 활기를 띠는 지역이다. 레스토랑과 마사지 숍, 리조트, 호텔 등 상권이 고르게 형성되어 있다.

둘러보기

○ 올드 타운 불교 사원 올드 타운에는 역사적으로 종교적으로 예술적으로 가치가 높은 불교 사원이 많다. 같은 불교 사원이지만 각기 다른 양식과 규모와 분위기를 지니고 있다. 왓 프라씽Wat Phra Sing, 왓 체디 루앙Wat Chedi Luang, 왓 판따오Wat Pan Tao, 왓 부파람Wat Bupparam 등이 있다.

○ 선데이 마켓Sunday Market 평소 한적하고 고즈넉한 구시가지는 일주일에 한 번 열리는 선데이 마켓으로 활기를 띤다. 다양한 수공예품 구경에 시간 가는 줄 모를 정도로 볼거리가 많다. 노점 음식을 많이 판매하고 야외 공연이 펼쳐지는 경우도 있다.

○ 야시장Night Bazaar 창크란 로드Chang Klan Road 주변에서 매일 저녁 무렵 야시장이 펼쳐진다. 고산족 마을의 소수민족이 만든 수공예품이나 여행 기념품을 사기 좋다. 오후 5시쯤부터 자정까지 열린다.

겪어보기

○' **치앙마이 트래킹 투어**Chiang Mai Trekking 여행사의 치앙마이 트래킹 투어는 근교의 산과 폭포를 즐기고 코끼리를 타고 '뱀부'라는 대나무 뗏목 래프팅을 즐길 수 있다. 관광 자원인 코끼리를 학대하며 조련하는 것에 반대하는 사회적 분위기에 맞춰 코끼리의 자연스러운 삶을 존중하는 에코 투어도 생겨나기 시작했다.

○ **태국 마사지**Thai Massage 긴 여행으로 몸이 고단하다면 거리마다 기다란 의자를 늘어놓은 마사지 숍에 들러 전신, 어깨, 발 등에 30분에서 1시간 원하는 만큼 마사지를 받을 수 있다. 가격은 방콕에 비해 치앙마이가 좀 더 저렴한 편이다.

○ **쿠킹 스쿨**Cooking School 치앙마이에는 태국 음식을 직접 요리해볼 수 있는 쿠킹 스쿨이 여러 곳 있다. 이국의 음식을 맛보는 것에 그치지 않고 만드는 과정까지 경험해볼 수 있는 체험형 프로그램이 인기를 끌고 있다.

돌아다니기

도보로 다니는 것이 가능하다. 외곽 지역은 뚝뚝을 이용한다.

먼 길 돌아 치앙마이

♦ 핫야이에서 치앙마이로: 핫야이는 말레이시아와 태국을 잇는 육로와 태국 곳곳으로 향하는 항로가 만나는 교통의 요지이다. 저가 항공 에어아시아는 핫야이에서 방콕이나 치앙마이로 가는 직항을 운항한다. 성수기와 주말을 피한다면 2~3만 원짜리 항공권도 어렵지 않게 구할 수 있다. 핫야이에서 약 1,600킬로미터 거리의 치앙마이까지는 비행기로 2시간 남짓 걸린다. 버스를 타면 방콕을 경유해야 하고 꼬박 하루가 걸린다.

첫 회사를 다니며 첫 휴가를 어디로 갈지 고민할 때, 치앙마이는 물망에 올랐던 장소 중 하나였다. 하지만 어디를 갈지에 대한 고민은 부질없었다. 휴가는커녕 일이 넘쳐흘러 늦은 밤과 주말까지 흘러들었으니까. 소박한 3박 4일 여름휴가 계획은 인류의 화성 탐사 계획과 같은 실현 불가능한 꿈처럼 느껴졌다. 바라던 칼퇴근도, 꿈꾸던 여름휴가도 뜻대로 될 기미가 보이지 않자 나는 이런저런 이유 같지 않은 이유를 대고 회사를 그만두었다. 철이 없었고 대책도 없었다. 그렇게 여행길에 오른 지 아홉 달째, 드디어 먼 길을 돌아 치앙마이에 왔다.

뚝뚝 기사는 나를 아무 거리에나 내려주었다. 언제나 제대로 된 목적지 없이 뚝뚝에 올라타니 언제나 그들이 내려주는 곳에서부터 나의 여행은 시작된다. 내가 가야 할 목적지를 말하는 것은 마치 서울에서 택시를 타고 한강으로 가달라고 하는 것과 비슷할 것이다. 운전하는 사람이 생각하기에 가장 괜찮은 한강으로 데려다주길 바라며. 치앙마이의 아무 거리에 떨어진 나는 바로 눈앞에 보이는 너른 마당을 가진 이층짜리 게스트하우스에 들어갔다. 그렇게 문득 발을 들인 곳이지만, 시원한 물 한잔을 내어주며 넉넉하게 웃음을 짓는 여주인을 보니 마음이 놓인다.

하루에 230바트(약 7천 원)인 10인실 도미토리의 침대 하나를 사흘간 쓰기로 했다. 이것을 침대라고 부르기 위해서는 사전에서 침대라는 것의 개념을 재정의해야 할 것 같지만, 이층이 아니라 단층이라는 것에 만족하며 침대라 불러주기로 했다. 숙소에서 가만히 푹 쉬고 싶었는데 뱅글뱅글 돌아가는 선풍기 리듬에 맞춰 누군가 대낮부터 코를 드르렁 골고 있다. 안 되겠다. 마음만 먹으면 부수는 것쯤은 일도 아닐 것 같은 부실한 사물함에 배낭을 통째로 밀어 넣고는 거리로 나섰다. 일 년 전 휴가지로 점찍어 둔 치앙마이에 마침내 왔다는 기쁨에 콩깍지가 씌어 허름하기 짝이 없는 숙소 정도는 눈감아주기로 하며.

♦♦ 태국 내륙 도시 여행하기: 동남아시아 여행이라고 하면 대부분의 사람들은 에메랄드빛 바다와 해변의 방갈로를 떠올린다. 발리나 파타야, 크라비 같은. 처음엔 나도 그랬다. 바다도 없는 깊숙한 내륙 도시에 뭐 볼 게 있겠느냐고.

하지만 태국 북부 내륙 도시 치앙마이와 빠이, 치앙라이는 에메랄드빛 바다 없이도 아름답게 빛나는 곳이다. 휴양지화되지 않은 그들만의 고유한 삶과 숨결을 간직한 채로.

◆◆◆ 게스트하우스: 게스트하우스Guest house란 외국인 여행자에게 호텔이나 리조트보다 저렴한 가격으로 숙박을 제공하는 시설을 말한다. 여러 명이 함께 투숙하는 도미토리부터 1인실, 트윈룸, 독채 등 다양한 형태의 객실을 갖추고 있다.

샤워실이나 주방 등의 편의 시설은 각 방에 포함될 수도 있고 공용 공간일 수도 있다. 진을 빼놓는 뜨거운 날씨 때문에 에어컨이 있는 방과 선풍기만 있는 방 등 냉방 시설에 따라 가격이 달라지기도 한다. 동남아시아는 저렴한 게스트하우스가 많은데 위생이나 보안이 괜찮은지 미리 인터넷으로 평판을 확인해보고 묵으면 좋다.

타박타박 동네 산책

치앙마이의 올드 타운은 나지막한 집과 레스토랑, 불교 사원과 게스트하우스가 어깨를 나란히 하고 있다. 나무보다 키가 큰 건물은 드물다. 이런 풍경을 사람들은 정겹다고들 한다. 에너지를 충전하기 위해 맛은 아무래도 상관없고 쾌적해 보이는 레스토랑에 들어가 팟타이를 시켜놓고 에어컨 바람을 쐬었다. 마라톤 결승점에서 마시는 이온 음료 한 모금처럼 상쾌한 바람이 피부 결마다 스며든다.

해가 나뭇가지 끝에 걸릴 즈음 동네 산책을 시작했다. 늦은 오후 타박타박 모르는 동네를 쏘다니는 일을, 나는 좋아한다. 구글 지도에 '스트리트 뷰'라는 기능이 있는데, 사람 모양 아이콘을 지도 위아무 길에나 끌어다놓으면 그 길의 실제 모습을 보여준다. 그것처럼 나는 치앙마이의 아무 골목에나 나를 던져놓고는 무작정 걷게했다. 앞으로 가다가 궁금하면 옆으로 새고, 그러다 길이 막히면 돌아 나왔다.

이름 모를 사람들이 살아가는 이름 모를 동네를 거닐었다. 그곳에 사는 보통의 삶을 담장 너머 창문 너머로 엿본다. 주인 없는 개처럼 골목을 어슬렁거리다가 어디선가 풍겨오는 오징어 굽는 냄새

를 말았을 때는 염치 불구하고 밥 한 공기 얻어먹고 싶은 충동에 휩싸여 사방을 두리번거렸다. 저녁 밥 짓는 냄새가 솔솔 풍겨오니 과연 사람 사는 냄새가 나는 동네라고 생각했다.

네모반듯하게 올드 타운을 둘러싼 담장을 따라 걸었다. 물가를 따라 담장을 따라 활기찬 상인들이 온갖 먹을거리를 팔고 있다. 즉석에서 요리를 해주는 포장마차도 있고, 파리와 전쟁을 치르며 달콤한 디저트를 파는 노점도 있다. 컵에 담기거나 꼬치에 꽂힌 색색의 과일에 군침이 넘어간다. 꼬치를 굽는 가판대에서 연기가 모락모락 피어나는데 개 한 마리가 혼자 장사를 하고 있다. 뭔가 주문할라치면 재빨리 달려가 주인을 불러올 것만 같은 믿음직한 모습으로.

전봇대 사이로 팽팽하게 묶인 전깃줄이 푸른 하늘에 오선지 악보를 그려놓았다. 그 위로 새들이 음표처럼 총총 옮겨 다닌다. 사원의 처마 끝에 달린 풍경이 은은한 종소리를 낸다. 주황색 천으로 몸을 두른 어린 수도승들은 발자국이라도 남을까 가볍고 사뿐하게 사원 앞마당을 가로지른다.

♦ 치앙마이의 올드 타운:
치앙마이는 태국 제2의 도
시로 북부 고산지대에 위
치한다. 성곽으로 둘러싸인
올드 타운과 그 바깥의 지
역은 확연히 다른 분위기를
풍긴다. 올드 타운에는 13
세기부터 현재까지 300여
개가 넘는 사원이 자리하고
있어 분위기가 고즈넉하다.
올드 타운을 둘러싼 성곽
바깥으로는 생기 넘치는 삶
의 모습이 펼쳐진다.

여행자들의 지친 피로를 풀
어주는 마사지 숍, 가벼운
주머니로 찾아가도 배부르
게 음식을 먹을 수 있는 노
점상, 태국어와 영어 간판
이 뒤섞인 거리를 보다보면
치앙마이는 결코 한마디로
정의할 수 없는 곳이 된다.

♦♦ 치앙마이의 길거리 음식: 올드 타운 담벼락을 따라 늘어선 시장은 출출한 오후 끼니를 해결하기 좋은 곳이다. 배탈을 걱정하며 길거리 음식을 먹는 재미를 포기하는 사람들도 있지만, 기왕 걱정할 거 배탈이 나고 나서 낫기를 걱정해보는 건 어떨까. 처음 걱정과 달리 멀쩡한데다 오히려 입맛에 착 맞는 경우가 대부분이다.

한밤중 쫓겨나다

밤 열시. 하루의 피로를 씻어내듯 개운하게 샤워를 하고 늘어난 티셔츠와 헐렁한 바지로 갈아입고 침대에 누웠다. 침대 같지 않은 침대에서 어떻게든 편하게 자세를 잡아보겠다고 베개를 고쳐 놓다가, 나는 '그것'을 보았다. 조용히 숨을 죽이고 자세히 들여다보았다. 100퍼센트 그것이라는 확신이 들었다. 나 배낭여행 좀 해봤소, 하는 이들이라면 한 번쯤은 경험하는 베드버그, 빈대 말이다.

지긋지긋한 빈대와의 인연은 이번이 처음은 아니다. 우리의 첫 만남은 끔찍하도록 낭만적이었다. 프랑스 니스에서부터 이탈리아 피렌체까지 2주나 함께 다녔으니까. 로맨틱한 도시를 혼자 여행하는 것을 빈대조차 안타깝게 생각한 것일까. 사려깊기도 하다. 무엇보다 21세기에 말로만 듣던 빈대가 있다는 사실에 좀 놀랐다.

다음은 홍콩의 닭장 같은 21인실 도미토리에서 자고 일어나니 팔다리에 붉은 반점이 퍼져 나갔을 때였다. 혹시 전염병이라도 걸렸나 싶어 응급실까지 갔는데 빈대에 물린 것 같단다. 매일 허름한 여행자 스무 한 명이 드나드는 숙소에 빈대가 없다면, 그게 더 이상하긴 하다.

그다음으로 여기, 한적하고 온화해 세상 모든 잡념들이 사라지는 치앙마이에서 또다시 빈대를 만났다. 가난한 젊은이에게 배낭여행이라는 게 다른 사람이 덮던 이불을 덮고 누군가 침 흘린 베개에 얼굴을 부비며 잠드는 거라지만, 아무리 그래도 빈대와의 동침은 용납할 수 없다.

♦ 배낭여행자의 친구, 베드버그: 주로 침대에서 옮겨 붙어 '베드버그Bed bug'라 불리는 '빈대'는 끈질기기로 유명하다. 한번 옮겨 붙으면 옷 솔기나 배낭 구석에 숨어 무덤까지 쫓아올 기세로 안 떨어진다. 가진 옷을 모두 뜨거운 물로 세탁하고, 햇볕 아래 소독해야 한다. 그러고 나서도 며칠, 몇 주는 온몸을 긁적거리며 다녀야 한다. 허름한 여행자 숙소를 전전하면서 빈대를 예방하는 법은 없다. 그저 행운을 비는 수밖에.

아까 대수롭지 않게 스쳐갔던 휴대전화가 떠올랐다. 게스트하우스 복도에는 언제든 주인에게 연락할 수 있는 태국 휴대폰이 하나 묶여 있다. 마치 공중전화 같다고 생각했다. 주인은 자신이 숙소에 상주하지 않고 다른 집에 산다며 혹시라도 무슨 일이 생기면 그 전화로 연락하라고 했다. 복도에 나가 휴대전화를 손에 들었다. 문득 '무대에 총이 등장했다면 극이 끝나기 전에 반드시 발사되어야 한다. 쏘지 않을 거라면 없애버리라'던 안톤 체호프의 클리셰가 떠올랐다. 그의 표현대로라면 이 휴대전화는 내가 발사해야만 하는 권총인 셈이다.

벽에 붙어 있는 주인의 전화번호를 눌렀다. 뚜르르르르. 딸각. 헬로우. 나는 나직하게 빈대를 봤다고 한마디를 했을 뿐인데, 주인은 5분도 되지 않아 헐레벌떡 숙소로 돌아왔다. 태국에서 이렇게 빠른 서비스를 받아본 것은 처음이다. 그녀는 올드 타운에 있는 숙소들은 다 오래되어서 어쩔 수 없다는 말과 함께 벌레 물린 데 바르는 약을 내민다. 아직 물리지도 않았는데. 어차피 물릴 테니까 갖고 있으라는 걸까. 춥다는 사람에게 감기약을 주는 것과 뭐가 다른지.

215

당장 오늘 밤의 문제가 아니었다. 옷이나 가방에 빈대가 숨어들어 따라다니는 게 더 걱정이었다. 빈대는 한번 옮으면 지긋지긋하게 안 떨어지니까. 빈대 잡으려다가 초가삼간 태운다는 말이 괜히 나온 게 아니다. 다른 숙소로 옮기겠다고 환불을 요구했다. 귀찮고 까다로운 손님이 제 발로 나간다니까 주인은 내심 반가운 표정이다. 그녀는 3일 치 선불한 방값 690바트에 10바트를 얹어서 주었다. 짐을 챙겨 나올 때 다른 여행자들에게는 비밀로 해달라는 말과 함께.

그녀가 그렇게 빠르게 대응하러 온 것은 숙소에 대한 평판 때문이다. 인터넷으로 전 세계 숙소 리뷰를 실시간으로 볼 수 있게 된 요즘, 리뷰에 '베드버그'라는 말이 등장하는 순간 그 숙소는 발길이 뚝 끊길 테니까.

밤 열시 후줄근한 잠옷 바람으로 배낭을 짊어지고 길 위에 서서 갈 곳이 없을 때의 그 난감함이란. 낡은 숙소만 있다는 올드 타운을 벗어나 강 건너 동네를 향해 걸었다. 강을 건너자 평온한 줄로만 알았던 치앙마이가 다른 얼굴을 보여준다. 유흥가와 마사지 숍이

줄지어 있고 화려한 네온사인이 번쩍거린다. 이쯤 되면 숙소가 하나쯤 나와줘야 하는데. 가출한 십대처럼 비장한 표정을 지으며 앞만 보고 걷는 내게 술집 삐끼나 마사지사도 측은한 눈빛을 보낸다. 어깨는 무거워지고 희망이 사라져갈 즈음 빨간색으로 'HOSTEL'이라고 큼지막이 쓰인 입간판이 나타났다. 구원의 십자가처럼 눈물 나게 반갑다.

리셉션 데스크 직원에게 잘 곳이 있냐고 묻자 12인실 혼숙 도미토리에는 침대가 남아 있다고 한다. 멍청한 질문인 줄 알면서 '베드 말고 베드버그도 있느냐'고 물었다. 그는 어깨를 으쓱하며 깔끔한 숙소니까 걱정하지 말란다. 더 묻고 따질 기운도 없다. 아까보다는 훨씬 깨끗해 보이는 숙소에 짐을 풀자마자 맥이 풀려 바로 잠이 들었다.

여행에는 아름다운 풍경과 가슴 설레는 낭만만 있는 게 아니다. 눈물과 두려움, 외로움과 아픔도 스며 있다. 별로 알고 싶지 않겠지만 딱 하나만 더 보태자면 어딘가 빈대도 숨어 있을 것이다.

사원의 처마 끝에 달린 풍경이
은은한 종소리를 낸다.

주황색 천으로 몸을 두른
어린 수도승들은
발자국이라도 남을까
가볍고 사뿐하게
사원 앞마당을 가로지른다.

세상에서 가장 긴 30분

그녀의 한 시간은 120바트다. 태국 돈 120바트는 한국 돈으로 3,800원 남짓이다. 그녀의 일은 가만히 앉아 가게를 보다가 물건 값을 받는 것처럼 쉬운 일이 아니다. 그녀는 하루종일 걸어 다녀 퉁퉁 붓고 냄새나는 발에 오일을 바르고 부드럽고 시원하게 마사지를 한다. 사람들이 내는 120바트 중에 얼마만큼이 그녀의 몫이고 얼마만큼이 사장의 몫일까. 그녀의 실제 노동의 대가가 얼마만큼인지, 그것으로 자식들 먹여 살리고 미래를 위해 저축까지 할 수 있는지, 아니면 맞벌이로 그렇게 벌어도 겨우 입에 풀칠이나 하고 사는지 도저히 가늠이 되지 않는다.

태국에 온 지 일주일쯤 지나자 나도 한 번쯤 작은 사치를 부려보고 싶다는 생각이 들었다. 숙소 옆에 위치한 마사지 숍을 하루에도 서너 번 지나치다보니 마사지를 받아보고 싶어졌다. 한 시간은 왠지 너무 길고 사치스러운 것 같아 30분만 발마사지를 받아보기로 했다. 나는 쭈뼛거리며 폭신한 의자에 기대앉았고 그녀는 다소곳이 내 발치에 앉았다.

그때부터였다. 후회가 시작된 것은. 냄새나는 발을 들이밀며 그녀의 시간을 돈으로 사는 것에 대한 죄책감이 고개를 든 것이다. 마약을 사고파는 것도 아니고 매춘을 하겠다는 것도 아니었다. 건전하고도 합법적인 서비스를 받으려는 것뿐인데, 내 마음은 대책 없

♦ 태국 마사지: 태국이라는 나라에 가보기도 전부터 흔히 들어왔던 '태국 마사지'. 태국은 어디를 가든 주머니 가벼운 여행자조차 사치를 누릴 수 있는 마사지 숍이 골목골목 자리하고 있다. 1시간에 120바트(약 4천 원), 30분에 60바트(약 2천 원)만 내면 시원한 마사지를 받을 수 있다. 태국 마사지는 내가 지불한 알량한 돈이 미안할 만큼 시원하다.

이 불편해지고 말았다. 돈을 내고 서비스를 받는 것은 당연한 자본주의 원리지만, 어쩐지 이건 부당하다는 생각이 들었다. 물론 부당함을 느껴야 할 쪽은 내가 아니라 마사지사였지만, 그녀의 얼굴은 손님을 맞이한 기쁨이 담뿍 묻어 있었다. 그녀는 정성스럽게 내 발바닥을 누르고 문지르며 가끔씩 내가 불편하지 않은지 고개를 들어 내 표정을 살폈다. 나는 불편한 마음을 들키지 않도록 애써 미소를 지었다.

세상에서 가장 긴 30분이 지나고, 정해진 값을 치렀다. 복숭아뼈에 날개라도 돋은 것처럼 발이 가벼워졌다. 그녀의 고생스러운 노동에 비해 내가 치르는 값이 터무니없이 낮다는 생각에 마음은 무거웠지만.

세계 곳곳에서 모여든 여행자들은 이곳에 와서 값싼 물가에 환호하며 그저 인생을 즐기면 그만인 걸까. 늦은 밤까지 뜨거운 화로 앞에서 꼬치를 구우며 구슬땀을 흘리는 노인과 말도 안 되게 싼 가격에 감탄하며 돈을 물 쓰듯 쓰는 여행자들이 한눈에 담길 때면, 이 세상을 어떻게 이해해야 좋을지 혼란스럽다. 꼬치를 굽는 사람은 평생 꼬치를 구우며 여행 따위는 꿈도 못 꾸고 살아갈 것이고, 출생의 제비뽑기에서 운이 좋았던 이들은 어렵지 않게 돈이 주는 안락을 누리며 살아갈 것이다.

어쩌면 나도 운이 좋은 편에 속한다. 화로 앞에서 구슬땀을 흘리거나 남의 발을 만지며 평생을 살지 않아도 되니까. 그런 삶이 불행하다고 말하려는 것은 아니다. 다만 운명적으로 다른 출발선에서 인생은 시작되고, 기회라는 것은 결코 공평하게 주어지지 않는다는 사실 앞에 무력감을 느낄 뿐이다. 붙박이의 삶을 살아가는 이들의 고운 눈과 거친 손을 보며, 세계를 일주하겠노라 당당했던 나의 오만은 거침없이 무너진다. 여행이란 단지 용기만으로 되는 것이 아니라는 깨달음 앞에, 문득 지금의 여행이 내 노력에 비해 과분한 호사인 것만 같다. 내가 투덜거리던 가난조차 누군가에게는 사치일지도 모른다는 생각에, 그날 밤 오래도록 뒤척였다.

향수병 치료약

도미토리에서 건너편 침대를 쓰는 청년은 시카고에서 온 매튜라고 자기를 소개했다. 11개월 동안 11개국으로 크리스천 미션 여행을 하는 중이라고 했다. 한 나라에서 3주의 자원봉사 시간과 1주의 자유 시간을 가지며 머무는데, 태국은 여섯번째 나라이고 지금은 자유 시간이라고 했다.

불교 도시로만 알고 있던 치앙마이에 교회가 있는지 그에게 물었다. 그의 말에 따르면 정식 교회는 없지만 교회의 역할을 하는 커피숍이 하나 있다고 했다. 불교나 이슬람교, 힌두교 기반의 나라에서는 특히 종교색을 드러내지 않고 묵묵히 현지 사람들을 돕기만 한다고 했다. 세상에 이렇게 이타적인 여행을 하는 사람이 있다는 게 신기했다. 그것도 1년에 가까운 긴 시간을. 그의 머리맡에는 여행자의 성경인 론리 플래닛과 함께 진짜 성경도 놓여 있었다. 잠들기 전 그가 무슨 기도를 할까 궁금했지만, 그보다 일찍 잠들어버려 물어보지 못했다.

♦ 불교 도시 치앙마이: 치앙마이에만 3백 개가 넘는 불교 사원이 있다고 한다. 교수당 학생 수처럼 사원당 주민 수를 따져본다면, 아마도 세계에서 손꼽히는 불교 도시가 아닐까.

왓 치앙 만Wat Chiang Man은 13세기 지어졌으며 치앙마이에서 가장 오래된 사원이다. 올드 타운 중앙에 위치한 왓 체디 루앙은 치앙마이 최고의 사원으로 여겨진다.

시간 여유가 된다면 해발 1,080미터 산 정상에 위치한 왓 프라탓 도이수텝Wat Phra That Doi Suthep 사원도 가볼 만하다. 이 사원에서는 치앙마이 시내를 한눈에 내려다볼 수 있다.

다음날 저녁 휴게실에서 마주친 그가 물었다. 혹시 치앙마이에 있는 스타벅스가 몇 시까지 문을 여는지 아느냐고. 표정은 마치 오늘 예배가 몇 시에 시작하느냐 묻는 것처럼 선하고 따뜻했다. 나는 잘 모르겠다며, 혹시 향수병이 찾아와 스타벅스가 그리워진 거냐고 농담을 던졌다. 그는 멋쩍게 미소 지으며 심각하게 아메리카노가 그립다고 말했다.

이르다면 이르고 늦다면 늦은 밤 여덟시, 그의 향수병 치료약을 구하기 위해 함께 스타벅스를 찾아 나섰다. 어둠이 내린 밤, 활기를 띠기 시작한 야시장을 가로질렀다. 태국 전통가옥의 지붕만 얹어 어설프게 현지화한 맥도날드 옆으로 스타벅스 간판이 푸르스름하게 빛나고 있다. 간판을 보며 미소를 짓는 매튜의 얼굴이 마치 전구를 켠 것처럼 밝다. 우리는 아메리카노 두 잔을 시켜 창가 자리에 앉았다.

나도 처음 여행을 시작했을 때는 한국 음식이 못 견디게 그리웠다. 슈퍼마켓에서 한국 컵라면이라도 발견했을 때는 일생일대의 선택의 순간을 마주한 사람처럼 한참을 서성거리며 사야 할지 말아야 할지 고민했다. 컵라면의 희소성과 여행자의 절박함을 치밀하게 계산해 붙여놓은 가격표 때문이었다. 그래봐야 커피 한 잔보다 저렴했지만, 감히 컵라면이 붙고 있기에는 건방진 가격이라고 생각했다. 세 번쯤 참고 한 번쯤 먹은 컵라면은 눈물 나게 맛있었다. 지금 이 더운 나라에서 굳이 뜨거운 아메리카노를 마시고 있는 매튜의 마음을, 나는 이해할 수 있다.

그에게는 지금까지 온 만큼의 가야 할 길이 남아 있다. 그의 마음을 뜨끈하게 달래줄 아메리카노 따위가 없는 깊은 시골 마을로 가게 될지도 모를 일이다. 겨우 따끈한 아메리카노 한 잔에 위로 받는 청년이 순진하고 어리숙한 소년처럼 느껴져 마음이 측은해진다. 그와 나는 스타벅스가 문을 닫을 때까지 오래도록 이야기를 나눴다.

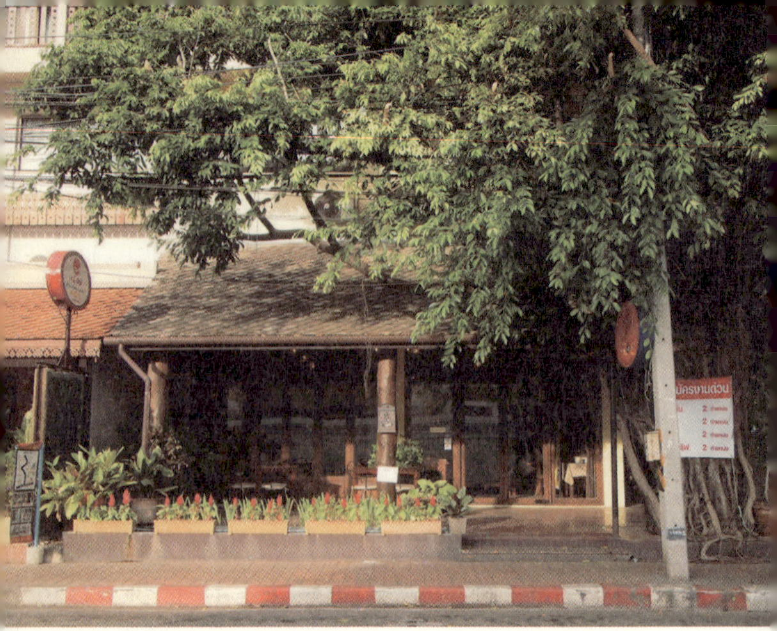

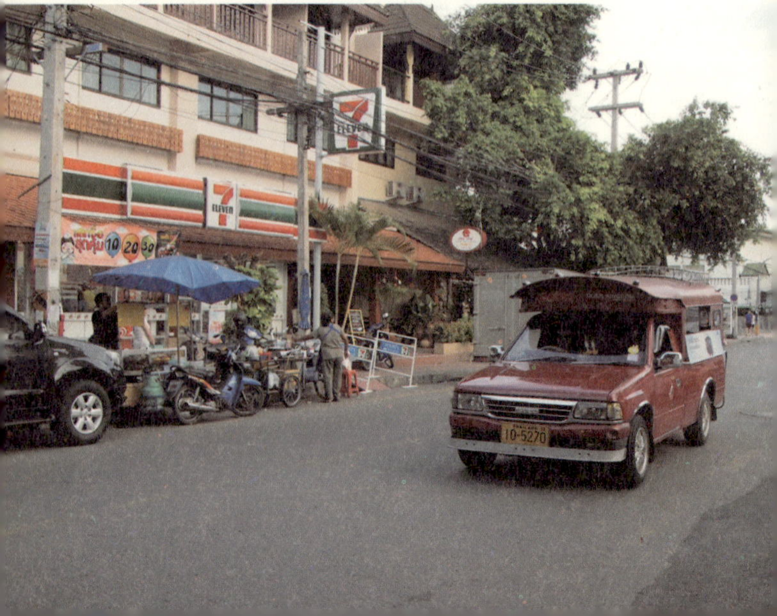

ELEVEN
10-5270

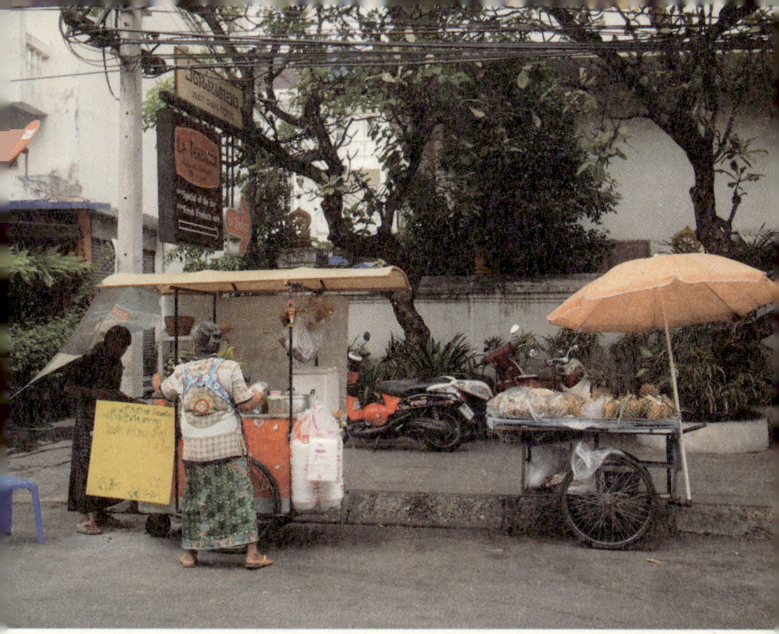

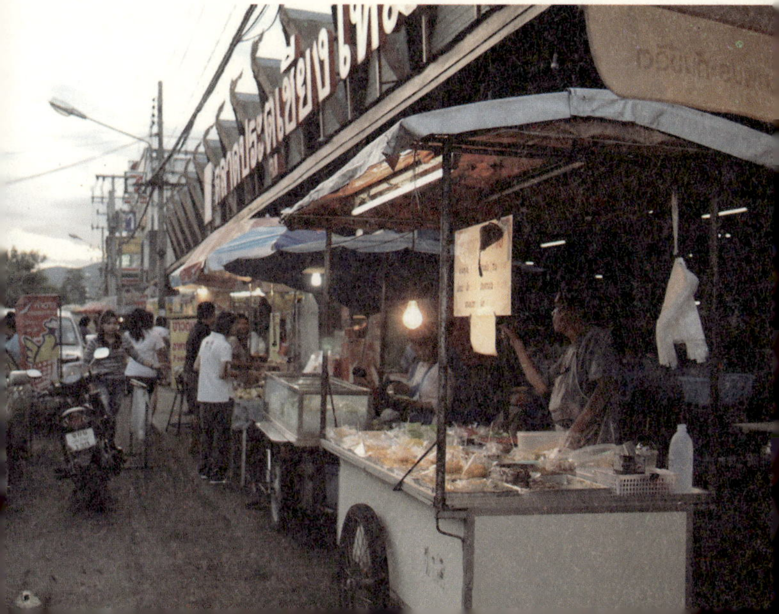

③ 빠이

둘러보기

○ 빠이 마을Pai Village 차이쏭크람 거리Chaisongkram Road는 짧은 거리지만 작은 식당과 카페, 기념품 가게 등 구경거리가 많다. 차이쏭크람 거리에서 가지처럼 뻗어 있는 샛길에도 아담한 주택과 카페가 숨어 있으니 구석구석 구경을 다니면 좋다.

○ 빠이 캐니언Pai Canyon 치앙마이에서 이어진 1095번 국도에서 빠이 초입에 위치해 있다. 그랜드 캐니언에 비하면 소박하고 아담하겠지만, 정갈한 동양의 풍경을 눈에 담아올 수 있다.

겪어보기

○ 요가 & 명상Yoga & Meditation하기 도시의 바쁜 일상을 뒤로하고 빠이를 찾은 이들은 빠이에서 단기 코스로 요가나 명상 수업을 듣기도 한다. 명상 센터에서 숙박을 겸해서 지낼 수도 있고 한나절 요가나 명상 수업에만 참여할 수도 있다.

○ 문신Tattoo하기 값이 저렴하고 손재주가 좋다고 하여 태국에서 문신을 하는 서양 여행자들이 많다. 직접 몸에 문신을 새기는 경험까지는 못하더라도 누군가 몸에 문신을 새기는 모습을 보는 것 또한 신선한 경험이다.

쇼핑하기

○ 야시장Night Market 한낮의 뜨거운 열기가 가실 무렵 차이쏭크람 거리와 랑티아논 거리Rangthiyanon Road에 소박한 야시장이 펼쳐진다. 포장마차에

서는 주인이 구슬땀을 흘리며 모락모락 연기를 피워 올리고 히피 예
술가들은 수공예품을 늘어놓고 기타를 치고 글을 쓴다. 구매를 강요
하는 이가 없어 느긋하게 구경할 수 있다.

돌아다니기

빠이 마을은 도보 이동이 가능한 작은 마을이라서 뚝뚝이나 택시가
없다. 빠이 인근 지역을 둘러보고 싶다면 자전거나 스쿠터를 대여할
수 있다. 자전거는 50~80바트, 스쿠터는 100~200바트로 하루 동안
대여할 수 있다. 여행 비수기에는 조금 더 저렴한 편이다.

걸음이 느린 친구

빠이의 명성은 자자했다. 입 달린 사람은 저마다 한마디씩 덧붙이며 꼭 가보라고 했다. 도대체 그 산골짜기에 위치한 작은 마을의 매력이 무엇이기에, 치앙마이에서 세 시간 넘게 속이 울렁거리는 762개의 커브를 돌아야 닿을 수 있는 곳을 그렇게들 극찬하는 것일까.

빠이로 가는 차에 올라타고서야 그 커브라는 것이 살짝 방향을 트는 정도가 아니라 유턴에 가까운 급커브라는 것을 알았다. 처음에는 재미도 있고 스릴도 있었는데, 시간이 조금 흐르자 승객들은 모두 비슷한 표정을 짓고 있다. 속이 울렁거려 토할 것 같은데 차 좀 잠깐 세우면 안 될까요, 하는 표정. 운전기사만 신이 났다. 왜 안 그렇겠는가. 빠이까지 이어진 길 위에서 스릴 넘치는 아찔한 드리프트를 762번이나 연습할 기회이지 않은가. 문제는 그가 잡은 핸들 하나에 목숨 13개가 한번에 걸려 있다는 것뿐.

험난한 길에 불만을 품은 위장이 반격을 시작하기 직전 차는 마지막 커브를 돌아 나왔다. 우거진 숲을 등뒤에 남겨두고 한가로운 들판으로 스며든다. 드디어 빠이에 도착한 것이다. 아야 서비스 앞에 멈추었다. 이름이 앙증맞다. 이곳은 빠이 마을의 여행자센터쯤 되는 것 같다. 아야 직원은 차에서 내린 사람들에게 스쿠터를 빌려줄 테니 머물 곳을 찾고 나서 다시 짐을 찾으러 오라고 했다. 공짜로 빌려준다는데도 스쿠터를 탈 재간이 없는 나는, 짐만 맡겨 놓은 채 동네 마실 겸 숙소 찾기에 나섰다.

사나흘 머물 계획으로 이집 저집 들러 방을 구경했다. 에어컨이 있는 방은 분수에 맞지 않는 것 같아 선풍기가 있는 작은 방 하나를 빌리기로 했다. 아야에 돌아가 짐을 찾아 방에 던져 놓고 마당으로 나갔다. 몇 채의 방갈로가 마당을 둘러싸고 있다. 키 큰 나무가 드리워주는 그늘을 이불 삼아 해먹에 누웠다. 나른한 행복인지 과분한 축복인지 모를 감정에 가슴이 벅차다. 그다지 착하게 살지도 않았는데 천국에 온 것처럼 왠지 빚을 진 기분이다. 빚진 행복을 갚듯이 착하게 살아야겠다고 생각하며 착한 표정으로 낮잠에 들었다.

바람이 선선해질 즈음 카메라와 지도를 챙겨들고 동네를 구경했다. 지도를 단순화한 것을 약도라고 부르지만, 빠이는 지도가 곧 약도가 되는 작은 마을이다. 나지막한 단층 건물에 레스토랑과 카페, 상점이 이어진다. 노란 알전구가 어둠이 내린 거리를 밝히고, 나른한 통기타 음악이 공기중에 부유하고 있다.

사는 게 이렇게도 잔잔하고 평온할 수 있을까. 언뜻 봐서는 티가 나지 않는, 그런 나긋나긋한 행복이 사람들 얼굴에 묻어 있다. 제 입으로 행복하다고 떠들어대는 여행자들보다 행복에는 관심조차 없어 보이는 마을 사람들이 더 행복해 보인다. 길바닥에 천 한 장을 펼쳐놓고 수공예품을 파는 젊은 히피들은 장사에는 신경을 끈 듯이 글을 쓰고 우쿨렐레를 연주하고 있다. 그 잔잔한 멜로디는 여기 앉아서 좀 쉬어가라고, 한가롭게 웃으며 살아도 충분하다고, 인생이 꼭 무언가 대단할 걸 이루지 않아도 괜찮다고 말하는 것만 같다.

빠이 사람들의 삶은 단순하다. 먹고 쉬고 잠시 일하고 사랑하고 웃고 잔다. 하루가 그렇게 가는 것이다. 느린 걸음과 느린 마음으로 삶의 모퉁이를 에둘러 가는 모습이다. 누구도 느리고 더딘 걸음을 재촉하지 않는다. 그들은 이미 알고 있는 것이다. 행복은 걸음이 느린 친구라는 걸. 어리석게도 우리는 늘 바쁜 걸음으로 앞서 가면서 행복이 아마도 저 앞에 있을 거라고 생각한다. 행복은 늘 저 뒤에서 천천히 뒤따라오고 있는데. 우리가 앞만 보고 달려가느라 놓쳐버린, 그 순간 속에.

♦ 치앙마이에서 빠이로: 치앙마이에서 산골 히피마을 빠이로 가는 길은 험난한 762개의 커브로 유명하다. 빠이로 가는 법은 두 가지가 있다. 하나는 현지 사람들이 이용하는 로컬 버스를 타는 것이고, 다른 하나는 여행자들이 주로 이용하는 미니밴을 타는 것이다. 로컬 버스는 80바트(약 2,500원), 미니밴은 150바트(약 5천 원)이다.

로컬 버스는 하루에 한 대 운행되고 시간이 지연되는 경우가 잦다. 그에 비해 정원이 10여 명인 미니밴은 대부분 예약제로 승객을 태워 바로 출발하고 시간도 잘 지켜지는 편이다.

미니밴은 게스트하우스나 현지 여행사에 하루 전에 말하면 다음날 정해진 시간에 픽업을 온다. 구불구불한 커브 길을 몇 시간이고 달리다보면 멀미가 나게 마련이다. 가능하면 앞자리에 앉거나 미리 속을 비우고 멀미약을 준비하면 좋다.

♦♦ 가장 '빠이'스러운, 유토파이: 빠이 사람들은 유토피아Utopia에서 맨 뒤에 모음을 뒤집어 유토파이Utopai라는 기발한 별명을 만들었다. 메인 거리에 늘어선 기념품 가게에서 '빠이스러운' 기념품을 구경하는 재미가 쏠쏠하다. 유토빠이라 적힌 티셔츠, 762개의 커브길이 그려진 스티커, 빠이 풍경 엽서와 노트, 아기자기한 수공예품들, 쓸데없는 것을 사고 나서 느끼는 넉넉한 행복을 만끽하기 좋은 곳이다.

콧날로 바람을 가르며

♦ 빠이의 스쿠터: 아야 서비스에서 100바트(3천 원) 남짓한 돈으로 50시시 스쿠터를 하루 동안 빌릴 수 있다. 보험료와 기름 값이 조금 더 들긴 하지만 부담되는 가격은 아니다. 빠이마을 밖으로는 구불구불 언덕과 커브가 많아 초보가 타기엔 무리라고 한다.

빠이에서 '패밀리 스쿠터'는 흔하디흔한 풍경이다. 이는 보통의 자그마한 스쿠터에 온 가족이 올라탄 모습을 보고 내가 지어낸 말이다. 세 명이 탄 스쿠터는 기본이고, 간혹 네 명이 타는 것도 볼 수 있는데, 빠이에서는 무려 다섯 명이 스쿠터를 탄 모습을 보았다. 운전하는 아빠 다리 사이에 아이 하나, 갓난아기를 업고 탄 엄마 그리고 아빠와 엄마 사이에 아이 하나. 작은 스쿠터에 다섯 명이나 올라탄 모습을 보니 자가용이 따로 없다. 누구도 속도를 높이지 않는 빠이 마을에서 만난 패밀리 스쿠터는, 아슬아슬하면서도 귀엽기만 한 빠이스러운 풍경이다.

작은 스쿠터를 타고 마을을 가로지르는 귀여운 빠이 가족을 보다 보니 스쿠터가 타고 싶어졌다. 나는 타고난 균형감 결핍으로 인해 자전거 타는 법도 겨우 배웠고, 그것으로 이번 생의 도전은 충분히 했노라고 만족하는 위인이다. 그런 내가 스쿠터에 도전장을 내밀다니 기적이라 불러도 좋겠다.

아야 서비스에 갔다. 스쿠터를 빌리고 싶다고 운전하는 법을 가르쳐줄 수 있냐고 물었다. 아야 직원은 미심쩍은 눈빛으로 처음 타는 거냐고 묻는다. 솔직하게 그렇다고 대답했다. 어차피 그냥 빌려봐야 타지도 못할 테니까. 그는 걱정 그득한 목소리로 빠이 주변은 언덕과 커브가 많아서 위험하다며 고개를 저었다. 이런 깡시골에서 다쳤다가는 커브를 돌고 돌아 구급차 오는 데만 세

시간, 병원 가는 데 다시 세 시간이 걸릴 거라고 한다. 그의 말대로 모험보다는 안전이 우선이긴 하다. 실망한 내 표정을 읽었는지, 그는 건너편 자전거 대여점을 가리킨다. 아무리 그래도 꿩 달라는 사람한테 닭을 내놓는 건 예의가 아니다.

나는 바람 빠진 풍선 같은 마음으로 노천카페에 앉아 입을 삐죽 내밀고 망고 주스를 마셨다. 괜스레 억울했다. 자전거도 다섯 살이 아닌 스물다섯 살이 되어서야 그럭저럭 타는 법을 배웠고, 물을 무서워하고 숨쉬기가 서툴러 수영 배우기는 번번이 발차기만 하다가 끝이 났다. 흥겨운 리듬을 타며 악기를 연주하거나 부끄럼 없이 춤추는 법도 모른다. 덧셈 뺄셈 같은 책상머리 공부에만 똑똑했던 나는, 삶을 즐기는 기술에 있어서는 아직 걸음마도 못 뗀 셈이다.

거리를 오고 가는 스쿠터들을 보고 있자니, 운동장에서 뛰어노는 친구들을 부러워하는 깁스한 아이가 된 것처럼 서럽다. 언젠가 다시 빠이에 온다면 그들처럼 콧날로 바람을 가르며 기분좋게 달리고 싶다.

순간에 머무는 연습

뜨거운 낮에는 입맛이 뚝 떨어져 샐러드 한 접시만 먹고 해먹에 누워 있었는데, 선선한 밤이 되니 슬그머니 식욕이 고개를 든다. 뜨거운 불 앞에서 정성스럽게 팟타이를 만드는 포장마차에서 30 바트짜리 팟타이를 시켰다.

이 포장마차는 테이블이 달랑 하나뿐이라 손님이라면 누구나 둘러 앉아 함께 식사를 하게 된다. 음식을 기다리는 동안 같은 테이블에 앉은 중년 부부와 인사를 나누었다. 그들은 하와이에서 이곳으로 휴가를 왔다고 했다. 전 세계 사람들이 휴가지로 꿈꾸는 지상낙원에 사는 사람들도 다른 어딘가로의 휴가가 필요하긴 한가보다.

통성명을 하고 나자 갓 만든 팟타이 한 접시씩이 앞에 놓인다. 얇게 부친 달걀이 오므라이스처럼 팟타이를 감싸고 있다. 뜨거운 김이 모락모락 난다. 한 가지 메뉴뿐인 포장마차에서 같은 음식을 먹는 우리에겐 어떤 공통의 느낌이 통하고 있었다. 서로의 눈을 마주보며 맛있는 음식을 먹고 있어 행복하다는 느낌. 어쩌면 선선하게 불어오는 밤바람이 기분을 돋워준 것일지도.

하와이 부부는 빠이에 벌써 세번째 왔다고 했다. 왜 같은 곳에 세 번이나 오는 걸까. 보아하니 네 번, 다섯 번, 앞으로도 계속 올 것 같은 말투다. 도대체 충분히 누리고도 남았을 빠이를 왜 다시 찾아오는지 궁금했다. 하와이 아줌마 샌드라에게 물었다. 무엇이 매년 당신을 빠이로 찾아오게 만드느냐고.

"빠이가 좋아. 이곳에 오면 시간이 온전히 내 것이 되니까."
꾸밈없이 단순해서 근사한 이유라고 생각했다. 그녀는 소음 가득한 세상으로부터 벗어나 모든 연결이 끊길 때 비로소 자기 자신에게로 돌아온 듯 안도감을 느낀다고 했다. 빠이에 오면 아침에 눈 뜨자마자 스마트폰을 보는 게 아니라 명상을 하게 된다고. 그러다보면 가상 세계가 아닌 현실에 존재하는 것들과 더 가까워진다고. 지금 이 순간만 하더라도 우리 중에 아무도 스마트폰을 들여다보지 않고, 서로 얼굴을 바라보며 음식을 먹고 이야기하고 있지 않느냐고. 이렇게 순간을 누리는 것은 이제 빠이가 아니라면 어렵다고 했다. 나는 가만히 고개를 끄덕였다.

그녀에 비하면 호기심을 채우기 위해 이곳저곳 기웃거리는 내 취향은 조잡하고 줏대 없다. 나는 한 번도 가보지 않았다는 이유로 새로운 곳에 가보고 싶어하고, 마찬가지로 한 번 가봤다는 것은 다시 가지 않아도 될 이유로 삼기도 한다. 게다가 나는 숙소나 카페에서 와이파이가 연결되는 순간, 세상의 귀퉁이에 등이라도 맞대고 있는 듯한 안도감을 느낀다.

어쩌면 인생은 필연적으로 외로운 것이고, 그 외로움은 다른 것으로 채워질 수 없을 것이다. 외로움 없이는 자신과 대화할 수 없으니까. 그럼에도 나는 마음과 시간의 빈틈을 견디지 못하고, 기어코 그것을 소통이라는 허울로 채우고 만다. 그것이 의미가 있어서가 아니라 기술이 그것을 가능하게 해주니까. 누군가 들어주길 바라며 금세 흘러가버릴 타임라인에 말을 거는 나의 마음은 텅 비어 얼마나 외로운 걸까.

우리는 팟타이를 한 그릇을 다 비우고 나서 맥주를 한 캔씩 사다 마시면서 외로움과 인간관계에 대한 진지한 탐구를 이어나갔다.

그들과 헤어져 숙소로 돌아왔다. 평소 같았으면 문을 열자마자 습관처럼 스마트폰에 와이파이를 연결해 세상의 가장자리를 기웃거렸겠지만, 오늘은 이대로 조용히 잠들고 싶다. 세상에 연결되지 않은 채 외딴 섬처럼 홀로 존재하는 순간이 처음으로 평화롭다고 생각했다. 빠이에 머무는 동안 순간에 머무는 연습을 해보기로 마음먹는다. 그것이 세상으로부터의 고립이 아닌 나 자신으로의 회복이 되기를 바라며.

♦ 팟타이: 한국에 비빔밥이 있다면 태국에는 '팟타이'가 있다. 팟타이는 왕실에서 서민까지 모든 국민들이 즐기는 태국을 대표하는 음식이다. 납작한 쌀국수 면과 숙주나물을 재빨리 볶아내고 설탕과 레몬즙을 곁들여 달달하고 새콤한 맛을 낸다.

해산물이 풍부한 지역에서는 새우를 넣지만 내륙에 위치한 태국 북부에서는 주로 닭고기를 함께 볶는다. 노점 포장마차에서 즉석으로 만드는 팟타이는 30~40 바트(약 1천 원)에 맛볼 수 있다.

♦♦ 태국의 슈퍼마켓에서 술을 사려면: 태국의 슈퍼마켓에서는 오전 11시부터 오후 2시까지, 오후 5시부터 자정까지만 술을 판다. 하루에 딱 10시간만 술을 파는 것이다. 게다가 종교적 휴일이나 선거일에는 아예 술을 팔지 않는다. 시원한 맥주 한잔에 하루의 행복이 달려 있다고 믿는 술꾼들에게는 팍팍한 나라가 아닐 수 없다. 왜 그런지 이유는 모르겠다. 처음에는 그런 규정을 모르고 슈퍼마켓에 갔다가 허망한 마음으로 발길을 돌려 나왔는데, 규정을 알고 나서는 오후 2시나 자정에 가까워질 즈음 슈퍼마켓으로 향하다보니 발걸음에 스릴이 넘쳤다.

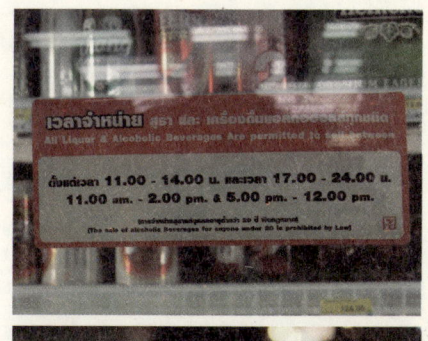

"빠이가 좋아.
이곳에 오면
시간이 온전히
내 것이 되니까."

나는 가만히
고개를 끄덕였다.

언젠가 다시, 빠이

♦ 다시 찾아가는 빠이: 빠이에 한 번 가본 후에도 다시금 빠이를 찾아가는 여행자가 많다. 언제든 찾아가 메뉴판 없이 음식을 주문할 수 있는 단골 가게를 하나 만들어두길.

언젠가 돌아왔을 때 웃으며 반갑다고 인사할 수 있는 친구 하나쯤 사귀어두길. 당신도 빠이를 기억하고, 빠이도 당신을 기억한다면, 그보다 더 멋진 여행이 또 있을까.

며칠이나 머물렀을까. 사흘이었는지 나흘이었는지 모르겠다. 요일도 기억나지 않고 날짜도 시간도 잊은 채, 그저 하루에 하루만큼씩 살았다. 어제도 없고 내일도 없는 사람처럼. 여기서는 아무도 요일이나 시간을 묻지 않은 채 살아가니까.

빠이를 떠나는 날, 아쉽고 애틋한 마음으로 이른 아침부터 동네를 구석구석 기웃거렸다. 강가를 따라 소박한 방갈로들이 화분처럼 놓여 있다. 짓다 만 방갈로에는 인절미처럼 말캉한 새끼 강아지들이 뒤엉켜 놀고 있다. 강의 이편과 저편을 잇는 다리는 걸음을 옮길 때마다 삐거덕삐거덕 소리를 낸다.

우윳빛 하늘이 찬찬히 밝아온다. 길바닥에 늘어지게 자고 있는 개 옆에 앉아 카페가 문을 열길 기다린다. 이 개는 어젯밤에도 여기서 똑같이 널브러져 있었는데. 한결같은 모습이 왠지 믿음직스럽다. 녀석은 앞다리를 길게 뻗어 기지개를 켜더니 다시 드러누웠다. 개

조차도 빠이스럽다. 심드렁한 표정으로 턱을 괴고 있는 녀석을 쳐다보았다. 카페가 문을 열 때까지 녀석과 나는 가장 고차원의 의사소통이라 할 수 있는 어색함 없는 침묵을 나누었다.

모든 풍경을 마음에 새기고 싶어 구석구석 눈길을 주고 귀를 기울이고 냄새를 맡았지만, 나의 감각은 빠이의 아름다움을 온전히 느끼기에 아둔하기만 하다. 빠이가 그리울 것이다. 해가 높이 뜨면 해먹에 누워 낮잠을 자던 시간들이, 소낙비가 내리면 처마 밑에서 책을 읽으며 기다리던 시간들이, 빠이스럽게 느긋하고 여유로워지고자 어설프게 노력했던 시간들이. 빠이를 떠난다는 생각만으로도 벌써 빠이가 그립다.

④ 방콕

주요 지역 살펴보기

○ **두짓 & 카오산**Dusit & Khaosan 방콕 왕궁과 각국 대사관이 있는 두짓 지역은 방콕에서 가장 우아하고 고풍스러운 곳이다. 반면 길 하나 건너 있는 카오산 로드는 히피와 자유여행자들이 어깨를 부딪치는 거리로 번잡하고 소란스럽다.

○ **실롬 & 사톤**Silom & Sathorn 외국계 회사와 금융 기업들과 각국 대사관, 5성급 호텔이 줄지어 있지만 한 블록만 넘어가면 방콕의 유흥거리가 불야성을 이루는 곳이다. 방콕의 허파와 같은 룸피니 공원도 위치하고 있다.

○ **시암**Siam 명동처럼 활기찬 방콕의 대표적인 쇼핑 거리. 복합 쇼핑몰이 거리에 늘어서 있어 건물과 건물 사이를 이동할 때를 제외하고는 바깥으로 나가지 않고 모든 것을 실내에서 누릴 수 있다.

○ **수쿰빗 & 통로**Sukhumvit & Thong Lo 방콕의 신시가지로 관광지는 별로 없지만 호텔과 레스토랑, 스파, 바와 펍 등이 많은 지역이다. MRT 프라람 9 역 부근으로 클럽과 바가 밀집된 RCARoyal Central Avenue 거리가 있다. 현대적이고 세련된 레스토랑이나 바를 찾아 현지인들과 외국인들이 모두 모여든다.

둘러보기

○ **왕궁**Grand Palace 방콕으로 수도를 이전한 짜끄리 왕조가 세운 궁인데, 새로운 왕이 즉위할 때마다 새로운 사원과 건물이 지어져 지금의 규모를 갖추게 되었다. 매일 오전 8시 30분부터 오후 4시 30분까지 문을 열고 티켓

판매는 오후 3시 30분에 마감이 된다. 방콕 제일의 명소인 만큼 사람이 많고 붐비기 때문에 비교적 선선한 오전 이른 시간에 가는 것이 좋다.

○ 방콕의 사원 왓 포Wat Pho는 태국에서 가장 큰 와불상이 있는 것으로 유명하다. 왓 아룬Wat Arun은 알록달록 반짝이는 탑 '프랑Phrang'이 눈길을 끈다.

○ 짐 톰슨 하우스 뮤지엄Jim Thompson House Museum 태국 실크 산업을 이끈 미국인 사업가 짐 톰슨이 직접 설계하고 살았던 집을 박물관으로 개조해 일반인들에게 개방했다. 투어는 30분 간격으로 진행되며, 태국 전통 가옥의 구조와 내부 장식에서부터 짐 톰슨의 미스터리한 삶까지 흥미로운 내용으로 진행된다.

○ 룸피니 공원Lumphini Park 산이 없는 방콕에서 푸르른 녹음을 즐길 수 있는 곳으로 룸피니 공원만한 곳이 없다. 저녁 무렵이면 조깅을 하는 사람들과 에어로빅, 무에타이를 즐기는 사람들, 돗자리에 앉아 망중한을 즐기는 사람들까지 다양한 사람들이 모인다. 그 풍경을 보기만 해도 휴식이 된다.

○ 카오산 로드Khaosan Road 배낭여행자들의 성지와도 같은 곳으로 방콕의 다른 지역과는 사뭇 다른 분위기를 풍긴다. 값싼 숙소와 여행사, 식당, 펍이 있어 배낭여행을 하며 필요한 모든 것을 마련하고 해결할 수 있다.

겪어보기

○ 러이끄라통Loykratong 매년 12번째 보름밤에 열리는 태국의 전통 축제이다. 묵은해를 보내고 복된 새해를 기원하는 의식으로 바나나무 잎으로 만든 작은 연꽃배 위에 촛불과 향을 피워 차오프라야 강에 띄워 보낸다. 태국에서 가장 낭만적인 축제로 손에 꼽힌다.

쇼핑하기

○ 시암 파라곤Siam Paragon 태국 최고의 명품 쇼핑몰로 250여 개의 명품 브랜드가 들어와 있다. G층(한국에서의 1층)과 지하 푸드 코트에는 유명한 카페와 레스토랑이 많다.

○ 시암 센터Siam Center 명품보다는 젊은 층을 겨냥한 트렌디한 브랜드가 입점해 있는 복합 쇼핑몰이다.

돌아다니기

방콕 시내에서는 스카이트레인인 BTS와 지하철인 MRT로 이동이 가능하다. 운하 도시인 방콕에는 이동 수단으로 보트도 많이 이용되는데, 차오프라야 익스프레스 보트 홈페이지www.chaophrayaexpressboat.com와 클롱 쌘샙 보트 홈페이지khlongsaensaep.com에서 노선도 및 이용 정보를 볼 수 있다.

그리 멀지 않은 거리

♦ 빠이에서 방콕으로: 빠이에서 미니밴이나 로컬 버스를 타고 치앙마이로 나와야 방콕으로 가는 교통편을 이용할 수 있다. 치앙마이에서 방콕까지는 항공편, 기차, 버스 등의 교통수단을 이용할 수 있다. 기차는 하루에 다섯 편가량 운행되고 요금은 에어컨, 침대 위치에 따라 800~2,000바트(약 2만 6천~6만 6천 원)이며, 시간은 12~14시간 정도 소요된다.

버스는 여러 회사에서 거의 매시마다 운행하는데 요금은 600~900바트(약 2~3만 원)이고 약 10시간 소요된다. 장거리 이동인 만큼 야간 교통편을 이용하면 숙박비와 시간을 모두 절약할 수 있다.

방콕은 암스테르담이나 베네치아 같은 운하 도시다. 잘 알려지지 않은 사실이다. 찌는 듯한 더위가 낭만을 앗아가서이기도 하고, 배나 보트가 관광보다는 일상의 교통수단으로 이용되어서이기도 하다.

카오산 로드에 가기 위해 보트를 탔다. 흔들흔들. 자리에 앉자 물이 튀지 않도록 푸른 방수천을 머리 높이까지 커튼처럼 올려주었다. 풍경이 가려지긴 하지만, 2차선 도로처럼 좁은 운하에 풍경이라 할 게 없긴 하다. 운하를 따라 늘어선 낡고 누추한 집들은 어쩌면 방콕이 감추고 싶어하는 맨얼굴일지도 모른다. 그렇다면 푸른 방수천은 물이 튀는 것보다 가난의 풍경을 감추려고 만든 장치일지도. 당장이라도 무너질 듯 위태위태한 가난의 풍경을 지나쳐 보트가 종점에 닿았다.

종점에서 카오산 로드까지는 걸어가기에 '그리 멀지 않은 거리'다. 오늘처럼 날씨가 무더운 날에는 아스팔트길이 엿가락처럼 늘어지는지 한없이 멀게 느껴지긴 하지만. 큰길을 따라 천천히 걸었다. 한낮의 카오산 로드는 한산했다. 축제 다음날 거리처럼 쓸쓸하고 지저분했다. 문제는 이 거리에 매일 밤 축제 같은 난장판이 벌어진다는 것이지만.

잠깐 걸었을 뿐인데 너무 더워 이성을 잃고 바보처럼 스타벅스에 들어갔다. 며칠 전 치앙마이에서 마셨던 아메리카노 한 잔이 너무 그리웠다. 매튜에게 향수병이 옮았다고 하면 변명이 될까. 근데 난 미국인도 아닌걸. 왠지 이유는 모르겠지만, 여행을 하며 스타벅스나 맥도날드에는 정당한 이유 없이 가서는 안 될 것만 같은 기분이 든다. 정당한 이유가 뭐냐고. 화장실이 급하다거나 인터넷이 꼭 필요하다거나 혹은 그곳이 스타벅스 1호점이라거나.

얼음을 가득 넣은 아메리카노 한 잔을 주문했다. 주문을 받은 직원은 내게 한국 사람이냐고 되물었다. 그렇긴 한데, 어떻게 알았냐고 물었다. 그는 태연스럽게 'Because you are beautiful'이라는 낯간지러운 말을 뱉으며 웃었다. 이렇게 손발이 오그라드는 말도 영어로 하면 왠지 낭만적이고 사실적으로 들린다. 아까의 바보 같은 기분을 밀어내고 자신감이 그 자리에 드러눕는다. 빈말이라는 걸 알면서도 괜히 고맙다.

태국어로 고맙다는 말을 어떻게 하냐고 물어봤더니, 그는 영수증 뒷면에 무려 한글로 '컵-쿤-카'라고 써주었다. 한국 드라마를 좋아해서 혼자서 한국어를 공부했다며. 그에 비해 나는 고맙다는 말 한마디 할 줄 모르면서 태국을 여행하고 있다. 건방진 자신감이 벌떡 일어나 줄행랑치고 아까 밀려났던 바보 같은 기분이 슬그머니 다시 돌아왔다.

시원한 커피를 마시고 얼음을 우물우물 깨물며 끼적끼적 글을 썼다. 이따금씩 고개를 들어 창밖으로 한산한 거리를 구경했다. 거리에는 개미 한 마리도 얼쩡거리지 않았다. 개미들도 굴을 파고 들어가 낮잠을 자고 있을 무더운 날씨다.

마지막 얼음 한 알까지 다 비우고 나서 자리에서 일어났다. 왕궁에 갈 계획이었다. 그리 멀지 않은 거리라서 또 고민했다. 걸어서 갈지, 뚝뚝을 탈지. 아예 멀리 있는 것보다 '그리 멀지 않은 거리'에 있는 것들이 항상 문제다. 교통수단을 이용하긴 아깝고, 걸어가긴 수고스럽고. 그래도 걷기로 했다. 태국 물가치고 꽤 비싼 커피도 한 잔 마셨으니 이 정도 고생은 사서 해줘야 본전이라는 생각이 들었기 때문이다. 스타벅스에 갖다 바친 돈과 내가 땡볕 아래 걷는 것 사이에 어떤 교환이 일어났기에 본전인지는 모르겠지만. 땡볕이 내리쬐는 거리를 가로지르며 왕궁에 가까워질수록 나는 후회했다. 그깟 커피 마시지 말고 시원하게 택시나 타고 올걸.

여행은 과연 학습될 수 없는 걸까. '그리 멀지 않은 거리'를 가야 할 때, 나는 언제나 고민하고, 언제나 걷기를 택하고, 언제나 후회한다.

◆◆ 방콕의 볼거리: 방콕은 볼거리가 많다. 태국을 대표하는 왕궁을 시작으로 역사박물관과 사원들, 세계 여행자가 모여드는 카오산 로드, 미스터리한 실크 사업가 짐 톰슨 하우스, 시암 스퀘어 쇼핑몰과 방콕의 허파인 룸피니 공원까지. 명소들이 '애매하게' '그리 멀지 않은 거리'만큼 떨어져 있기에 그 사이에서 여행자는 언제나 고민할 것이다. 걸어가볼까, 뚝뚝을 탈까.

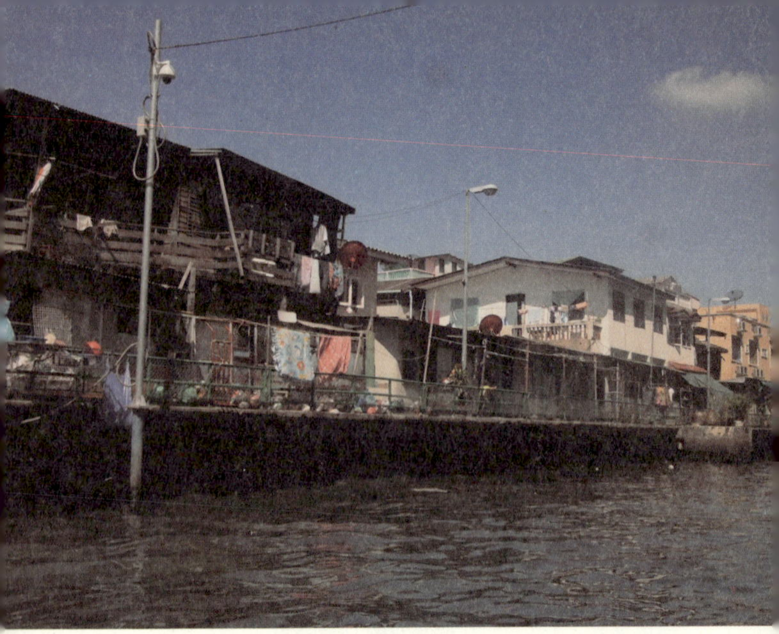

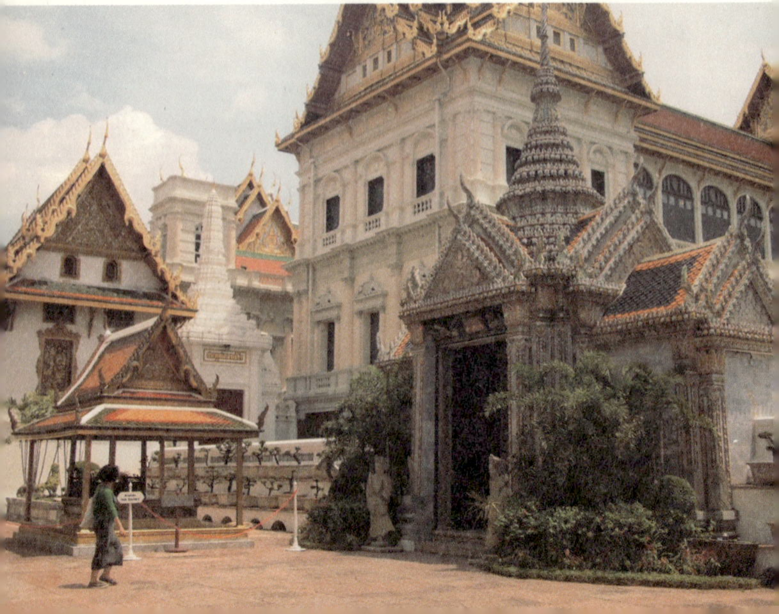

◆◆◆ 카오산 로드로 가는 현지인들의 교통수단, 클롱 쌘 샙 보트: 차오프라야 강을 남북으로 가로지르는 쾌속 보트는 여행자들에게 잘 알려져 있다. 거기에 방콕 시내의 좁은 운하를 동서로 가로지르는 '클롱 쌘 샙 보트Khlong Saen Saep Boat'까지 알아두면 유용하게 탈 수 있다. 이 보트는 현지인들이 주로 이용하기 때문에 요금도 10~20바트(300~600원) 수준으로 더욱 저렴하다.

버스 정류장처럼 갑판 앞에서 기다리다가 배가 오면 눈치껏 올라타야 한다. 방콕 동부 방 카피Bang Kapi에서 카오산 로드와 근접한 판파 리라드Panfa Leelard까지 10~20분마다 운행된다. 판파 리라드에서 카오산 로드까지는 1킬로미터 남짓한 거리로 도보로 15분 정도 걸린다.

ㅇ 클롱 쌘 샙 보트 홈페이지
khlongsaensaep.com

가난하게 살고 싶은 청년

"가난하게 살고 싶어. 그게 더 행복하니까."
순간 내 귀를 의심했다. 여행을 하며 가난하게 살아도 상관없다
는 사람은 종종 봤지만, 가난하게 살고 싶다는 사람은 그가 처음
이었다. 살며 처음 만나보는 유형의 인간. 그가 궁금해졌다.

늦은 밤 방콕의 게스트하우스에 도착해 짐을 풀었다. 아늑한 휴
게실로 내려가 쇼파 위에 쿠션처럼 아무렇게나 널브러진 내게 한
청년이 먼저 눈인사를 건넨다. 그의 첫인상은 뭐랄까, 프렌치의
시크함과 홈리스의 누추함 사이 아슬아슬한 줄타기를 하고 있는
듯했다. 무심한 듯 소탈한 듯 가난한 듯. 그를 잘 모르지만, 왠지
그다워 보였다.

남프랑스 출신이라는 클레멘트는 5개월째 아시아를 여행하는
중인데 얼마 전 태국에서 스무 살을 맞이했다고 한다. 유치원에
서 무엇을 배웠는지 엄마 앞에서 또박또박 설명하는 아이처럼
자신의 여행 이야기를 조곤조곤 풀어놓는다. 그나 나나 은유나
비유 없이 솔직한 영어를 쓰는 외국인이었기에 대화는 끝말잇기
처럼 단순하게 꼬리에 꼬리를 물었다.

"나는 태국에 와서 웃는 법을 배웠어."

"그게 무슨 말이야? 그전엔 안 웃고 살았어?"

"아니, 그전에 웃었던 건 진짜 웃음이 아니었던 것 같아. 여기에서 만난 사람들은 입이 아니라 마음으로 웃어. 여기 배 속 깊은 곳에서부터 우러나오는 것 같은 웃음. 나는 그게 정말 좋아. 스무살에 이런 여행을 하고 있다는 사실이 엄청 기뻐."

내 기준에 그는 지나치게 순수했다. 가난하게 살고 싶다느니, 그게 더 행복하다느니, 넉넉하게 가진 프랑스 사람들은 불행하다느니, 말도 안 되게 이상적인 얘기다. 어쩌면 그는 세계 제일의 복지국가 프랑스에서 자라난 덕에 찢어지게 가난한 삶은 실제 구경도 못 해봤겠지. 그렇긴 해도 돈의 권력을 모를 만큼 어린 나이는 아니기에, 나는 그의 철학에 기꺼이 박수를 쳐주고 싶었다. 어쨌든 자신을 둘러싼 삶을 부정할 수 있다는 것은 대단히 용기 있는 일이니까.

돌아보면 스무 살의 나는 가난이라면 진저리가 났다. 대학생이 되자마자 닥치는 대로 쉴 틈 없이 아르바이트를 해야 했다. 그래도 겨우 입에 풀칠할 만큼의 돈밖에는 손에 쥐지 못했다. 늘 바닥을 보이는 통장 잔고는, 한 달이라도 아르바이트를 쉬었다가는 밑바닥을 뚫고 내려갈 듯했다. 스무 살의 나는 진심으로 부자가 되고 싶었다. 아무리 열심히 써도 다 쓰지 못할 만큼 많은 돈을 벌고 싶었다. 그렇게 되면 행복할 수 있을 것 같았다. 그런 무모한 바람을 비웃듯이, 스무 살엔 돈이든 사랑이든 행복이든 붙잡으려 달려가면 모퉁이를 돌아 사라지곤 했다. 아무것도 붙잡을 수 없었던 스무 살은 늘 애타고 분했다.

만약 스무 살의 내가 지금의 클레멘트를 만났더라면, 분명 '행복이 밥 먹여주는 줄 아는 멍청이, 가난이 뭔지도 모르는 순진한 녀석'이라고 생각한 채 등을 돌렸을 것이다. 그와 나의 스무 살 사이에는 결코 건널 수 없는 강이 놓여 있으니까.

스무 살의 나는 항상 돈이 없다는 것만 부끄러워했지, 정작 삶의 철학이 없다는 것은 당연하게 여겼다. '아직 어리다'는 평계를 방패 삼아서 삶이 던지는 질문을 요리조리 피하며 비겁하게 굴었다. 정작 부끄러워해야 할 것은 돈이 없는 것이 아니라 철학이 없다는 것임을 그때의 나는 미처 몰랐다.

◆ 카오산 로드의 서양 배낭여행자: 동남아시아에는 젊은 서양 배낭여행자들이 많다. 우리에게 유럽이 그렇듯, 그들에게는 동남아시아가 탐험 욕구를 자극하는 미지의 세계이기 때문이다. 세계 각지에서 배낭을 메고 온 젊은이들이 모험을 해보겠다며 눈빛을 반짝거리며 카오산 로드를 찾아온다. 특히 서유럽 국가나 호주에서 온 여행자들이 많다.

스무 살의 클레멘트는 자신을 어리다고 생각하지 않았고, 삶이 던지는 질문에 당당하게 부딪치고 있었다. 문득 허름한 부랑자 같은 클레멘트의 모습이 아름다워 보였다. 아름답다는 것은 그가 어떻게 생겼느냐가 아니라 내가 그를 어떻게 생각하느냐에 달렸으니까. 어쩌면 나는 이 청년의 가장 아름답게 빛나는 순간을 마주하고 있는지도 모르겠다.

전 재산 6만 7천 원?

현금지급기에 카드를 밀어 넣었다. 안내 문구는 읽지도 않고 습관적으로 OK 버튼을 툭툭 눌렀다. 이 기계는 유난히 물어보는 게 많다. 어서 돈이나 줄 것이지. 현금지급기가 뱉어내는 카드를 받았는데 돈이 나오지 않는다. 이상하다. 다시 카드를 밀어 넣고 설마 하는 마음으로 잔고를 확인했다. 모니터에 67,000이라는 난감한 숫자가 등장한다. 당황스러운 마음으로 일단 OK 버튼을 눌러 카드를 돌려받았다. 전혀 OK 하지 않은 상황이었지만.

거지처럼 아끼며 여행했는데 결국 거지가 되다니. 반경 1킬로미터 내에서 나보다 가난한 사람 나와보라고 외치면 아무도 나오지 않을 것 같다. 반경을 몇 킬로미터까지 늘리면 나보다 가난한 사람이 나올까, 하나마나한 생각을 했다. 나와 현금지급기 둘 중 하나는 더위를 먹은 게 아닐까. 35도의 뜨거운 태양 아래에 서 있으면 뭐든 이성적으로 생각할 수가 없다. 일단 정신을 추스르기 위해 길 건너 편의점에 들어갔다.

시원한 에어컨 앞에 서서 누구한테 돈을 빌려야 할지 머리를 굴렸다. 내 친구들 중에는 금수저 물고 태어난 팔자 좋은 이들은 없다. 다 고만고만한 사회 초년생들인데 그들이 뭘 믿고 백수한테 돈을 빌려줄까. 겨우 돈 몇 푼 빌리겠다고 우정의 시험대에 오르는 것도 왠지 두렵다. 비빌 언덕이라고는 역시 피붙이밖에 없는 걸까. 엄마 얼굴을 떠올리니 긴 여행을 떠나 걱정거리만 안 겨주는 것 같아 미안하다. 오빠 얼굴을 떠올리니 맡겨놓은 돈도 없으면서 내놓으라는 것 같아 염치가 없다.

긴급 구호를 요청하기 전에 일단 찾을 수 있는 돈이라도 다 찾아 보기로 마음먹었다. 현금지급기에 다시 카드를 밀어 넣고 잔고 를 확인했다. 모니터에는 변함없이 숫자 67,000이 뜬다. 그런데 숫자 뒤에 아까는 당황해서 미처 보지 못했던 것이 보인다.

67,000바트. 그럼 그렇지. 내가 얼마나 궁상을 떨며 아끼고 다녔 는데. 잔고는 67,000원이 아니라 67,000바트였다. 이 정도면 남 은 여행을 마치고도 한국에 가서 두어 달은 버틸 수 있다. 모니 터가 보여주는 모든 글자를 꼼꼼하게 읽고 따라가니 현금지급기 는 입을 열고 메롱, 하듯 지폐를 내뱉는다.

♦ 태국의 물가: 태국 돈 1
바트Baht는 한화로 약 33원
으로, 30바트를 1,000원이
라고 생각하면 쉽다. 간단
한 식사는 30~90바트(약 1
천~3천 원)면 해결할 수 있
다. 방콕의 전철인 BTS는
요금이 거리에 비례하는데
15~40바트(약 500~1,300
원) 정도다.

방콕의 게스트하우스에서
도미토리에 묵는다면 1박
에 300~450바트(1만~1만
5천 원) 정도로 구할 수 있
고, 중소도시는 이보다 저
렴하다. 다만 태국 내 휴양
지나 도시의 관광 명소 근
처는 관광객이 몰리는 만큼
바가지를 씌우므로 물가가
올라간다.

♦♦ 장기 여행의 필수품: 장기 여행을 준비한다면, 이런저런 짐을 바리바리 챙기는 대신 현금카드만 제대로 챙겨도 된다. 인간이 생존을 위해 꼭 필요한 것이라면 세계 어딜 가든 구할 수 있을 테니까 굳이 무겁게 짊어지고 갈 필요가 없다.

중요한 것은 현금카드. 신용카드건 체크카드건 두 개 이상은 챙기는 것이 좋다. 간혹 어떤 나라, 어떤 상점에서는 특정 카드는 사용할 수 없는 경우가 있다. 비자와 마스터 등 다른 종류의 카드로 여러 개 준비하는 것이 좋다.

방콕의 택시기사

방콕의 올드 타운은 택시나 뚝뚝이 아니면 별다른 교통수단이 없다. 택시기사들은 한사코 미터기 켜는 것을 거부한다. 마음 같아서는 부르는 대로 돈을 지불하고 타고 싶다. 그 돈이 합리적이기만 하다면. 뙤약볕에 땀을 줄줄 흘리며 서너 대의 택시와 흥정을 하다가 보내기를 반복했다. 내가 에어컨을 빵빵하게 켜달랬어, 한국 가요를 틀어달랬어, 그저 택시라면 의무적으로 켜야 할 미터기를 켜달란 것뿐이지 않은가. 오기가 생겨 미터기를 켜주는 택시를 꼭 타겠노라 다짐했다. 이런 쓸모없는 일에 오기를 부려봤자 삶의 품격만 한 뼘쯤 떨어진다는 것을 빤히 알면서.

저멀리서 외국인 냄새를 맡은 택시가 유턴을 해서 내 앞에 멈춰 섰다. 땀으로 뒤범벅된 얼굴로 간곡하게 '미터 플리즈' 했더니, 마침내 택시기사는 미터기를 켜주겠단다. 그런데 이 아저씨, 목적지까지 아주 크게 '디귿' 자를 그리며 돌아가주신다. 직진을 하면 10분도 안 걸릴 거리였는데, 굳이 꽉 막히는 길을 에둘러 가다니. 차라리 부르는 대로 돈 내고 빠르게나 갈걸. 어이가 없어서 화도 안 난다.

나는 아무리 기분이 나쁘더라도 운전기사에게는 화를 내지 않으려 노력한다. 정류장을 한참 지나쳐 내려주는 버스기사나 길을 잃고 뺑뺑이를 도는 택시기사에게 짜증을 냈을 때는, 내리자마자 꼭 후회했다. 운전기사들의 주름진 이마와 거친 손을 보면 아빠가 떠오르기 때문이다.

♦ 방콕의 택시: 방콕은 택시 기본요금은 35바트(약 1천 원)이고, 시내 중심으로 이동하면 대부분 100바트(약 3천 원) 안에서 이용이 가능하니 꽤 저렴한 편이다. 다만 교통 체증이 심한 곳에서는 요금뿐만 아니라 시간의 낭비가 크다. 또한 주요 명소에서 관광객이 탑승하는 경우 미터기 켜는 것을 거부하는 택시기사가 많다. 전철이나 수상 보트가 다니는 곳이라면 대중교통을 이용하기를 권한다.

♦♦ 방콕의 바가지 택시 요금: 방콕 택시기사에게 여행자는 손님일까. 아니다. 봉이다. 여행자가 바가지를 안 쓰는 일은 기적에 가깝다. 기본적으로 모든 여행자는 바가지를 쓴다고 보면 되고, 흥정을 통해 얼마나 합리적인 바가지를 쓰느냐가 관건이다. 그런데 이 또한 당신의 흥정 기술이 아니라 택시 기사의 양심의 무게에 달려 있다. 행운을 빈다.

크든 작든 누구나 갖고 있는 유년기의 트라우마, 내게는 그것이 아빠다. 어릴 적 우리 아빠는 택시기사였다. 기억나지 않는 아빠의 얼굴은 모든 택시기사를 아빠의 도플갱어로 만들어버렸다. 그래서 나는 아빠일지도 모를 택시기사에게 함부로 화를 내지 못한다.

아빠가 누구에게나 정직한 택시기사였는지, 요금을 두 배씩 부르며 외국인 등이나 치는 택시기사였는지 나는 모른다. 아빠가 좋은 아빠였는지 아닌지도 잘 모르니까. 그때의 나는 너무 어렸고, 지금의 나는 그때로부터 너무 멀리 와버렸다. 아빠 없는 아이처럼 보이기 싫었던 나는 애써 씩씩한 척하며 자라났다. 씩씩한 척 사는 게 버거울 때마다 나는 약해지고 싶었다. 그럴 수만 있다면, 혹은 아빠만 있다면.

아빠를 미워하는 동안 나는 내가 흘린 눈물에 빠져 허우적거렸다. 느릿느릿한 시간의 배를 타고 슬픔의 강을 건넜다. 제 밥벌이 하는 어른이 될 즈음에야 꽤나 건조하고 사실적인 이해의 땅이 나타났다. 슬픔에 질척거리지 않는 그 땅을, 이제는 담담하게 밟고 걸어간다. 한 남자를 단지 아빠라는 이유로 원망하기에 그는 그저 젊고 어리석었다는 것을, 내 인생이 이러하듯 아빠의 인생이 그러할 수 있다는 것을, 그때의 아빠 나이가 되어보니 조금은 알겠다.

크게 디귿자를 그리며 달려온 택시가 횡단보도 앞에 멈춰 섰다. 이마에 주름살이 깊게 패인 택시기사가 웃으며 처음 불렀던 만큼 택시비가 찍혀 있는 미터기를 가리킨다. 얄미운 그 표정에 기억도 나지 않는 아빠의 얼굴이 겹쳐져 마음이 약해진다. 내가 졌다. 택시기사에게 외국인으로서 졌고, 아빠에게 딸로서도 졌다고 생각했다. 이길 수 없는 게임에서는 져도 억울하지 않은 법이다.

짧은 순간은 소중하다

뜬금없는 연락이었다. 4년 만이었으니까. 그가 나를 기억할 거라는 확신 없이 그에게 연락했다. 다행히 그는 나를 기억하며 반가워했다. 그는 회사에서 가깝다며 내가 머무는 숙소 앞 전철역에서 만나자고 했다. 아, 그도 이제 회사원이 되었구나. 그의 이름은 키안이다.

4년 전 그도 대학생이었고 나도 대학생이었다. 4년 만에 만난 그와 나 그리고 우리가 알던 친구들 모두 더이상 대학생이 아니다. 각자의 바쁜 삶 속에서 이따금 묻던 안부도 잊은 채 서로의 이름마저 서서히 잊어가며 살아가고 있다.

금요일 저녁, 약속한 대로 전철역 계단 위에 그가 서 있다. 내가 에스컬레이터를 타고 전철역으로 올라가는 동안 그는 손을 흔들어주었다. 4년의 공백을 사흘처럼 짧게 만들어버리는 밝은 미소를 지으며.

우리는 짜오프라야 강변에 위치한 전망 좋은 레스토랑에 갔다. 그는 쏨땀과 똠얌꿍, 해산물 요리를 주문했다. 태국에 왔다면 꼭 맛보아야 할 대표 음식들을 다 주문한 것 같다.

푸짐하고 근사한 저녁을 먹고 나서 택시를 타고 카오산 로드로 향했다. 택시기사는 키안을 보며 당연하다는 듯 미터기를 켜고 달린다. 내가 땡볕에서 그렇게 애원을 할 때는 켜지지 않던 미터기가 현지인이 타니까 똑딱, 쉽게도 켜진다.

키안은 방탕한 여행자들의 성지 같다며 카오산 로드를 싫어했지만, 나는 낮에는 한산했던 그 거리가 밤에는 어떤 모습으로 바뀔지 궁금했다. 왠지 알 것 같으면서도 두 눈으로 확인하고 싶었다. 밤의 카오산 로드는 전 세계에서 배낭 좀 맨다, 하는 젊은이들이 모여 내일이 없는 것처럼 술판을 벌이고 있었다. 술병을 들고 환호하고 비틀거리는 그 모습이 지구 종말 전야의 풍경 같다. 카오산 로드를 지나쳐 다시 택시를 탔다. 태국 택시는 아주 저렴한 교통수단이다. 현지인과 함께 타기만 한다면.

맥주를 한잔하기 위해 RCA라는 동네로 갔다. 태국의 젊은이들이 가는 나이트클럽과 술집이 많은 동네라고 했다. 홍대보다는 고급스럽고 청담동보다는 소박한 동네라고 생각했다. 화려한 클럽들을 지나쳐 그 동네에서 유일하게 통기타 선율이 흐르는 펍에 자리를 잡았다.

두 무명 가수가 기타를 연주하며 어디선가 들어본 것 같은 노래를 불렀다. 개그 욕심 충만한 듀엣 가수는 노래와 노래 사이 농담을 던졌고, 나만 빼고 입달린 사람은 모두 웃음을 터뜨렸다. 도대체 뭐가 그렇게 재미있는 건지 궁금했지만, 키안이 설명해주는 것을 들어보아도 별로 웃기지가 않다. 시와 유머라는 장르에서 번역은 무력하기만 하다. 그날 밤 그들은 목이 터져라 기타줄이 끊어져라 노래를 불렀다. 키안은 그 노래들이 흘러간 태국 유행가라며 아련한 표정을 지으며 흥얼거렸다.

방콕의 밤이 깊어간다. 그와 나 사이에 놓인 공기가 낯설다. 그것이 공기라기보다는 공백의 시간처럼 느껴졌다. 언제 다시 이 친구를 만날 수 있을지, 모르겠다. 어쩌면 다시는 못 볼지도 모른다는 생각도 든다. 세상 모든 인연을 다 내 것처럼 쥐고 살 수는 없는 거니까. 인연이라는 게 이렇게 하찮고도 허무하다. 어쩌면 영원할 수 없기에 이 짧은 순간은 더욱 소중한 것인지도.

♦ 21세기 히피타운, 카오산 로드: 방콕에 온 배낭여행자들은 모두 카오산 로드로 모여들고 금세 그 풍경에 녹아든다. 마치 원래부터 그곳에 있던 사람들처럼, 카오산 로드를 배낭여행자의 고향이라고 부르는 것도 이 때문이리라. 세상의 모든 히피들이 모여 있는 듯 자유로운 기운이 넘실거린다. 문신과 헤나를 몸에 새기고, 레게 머리를 땋고, 헐렁한 히피 복장을 하고, 커다란 배낭을 멘 여행자들과 어깨를 부대끼게 되는 곳. 전철이 다니지 않아 대중교통으로 접근하기 어렵다고 알려져 있지만, 현지인들이 타는 클롱쌘 샘 보트를 타면 쉽게 닿을 수 있는 곳이기도 하다.

♦♦ 방콕이라는 도시: 방콕은 서울처럼 거대한 메트로폴리탄 도시다. 태국의 수도이자 금융과 행정, 문화의 집결지이기도 하다. 전 세계 모든 거대도시가 그러하듯 방콕도 구역마다 다른 얼굴, 다른 소리, 다른 풍경을 보여준다. 왕궁에는 관광객이, 카오산 로드에는 배낭족이, 시암 스퀘어에는 쇼핑객이, RCA 지역에는 유흥객이 모여든다. 오늘의 당신은 어떤 사람이 되고 싶은가를 생각해보면 어디로 가야 할지 쉽게 정할 수 있을 것이다.

일시 정지

해가 느릿느릿 기울어갈 무렵 시암 스퀘어에서 룸피니 공원까지 타박타박 걸었다. 숨 막히게 많은 사람들이 사는 대도시지만, 룸피니 공원에 오니 방콕도 꽤 살 만한 도시 같다. 공원은 환경적으로나 심리적으로나 도시의 허파 역할을 한다. 도시 곳곳에 숨어 있는 공원에 가면 언제나 숨이 탁 트인다.

한가하게 공원을 거닐었다. 실제로 한가했으니까. 걷기와 숨쉬기에 집중했다. 얼마나 걸었을까. 공원 곳곳에 설치된 스피커로 경건한 음악이 흘러나오자, 체조를 하고 조깅을 하던 사람들이 약속이나 한 듯 제자리에 멈춰 섰다. 마치 일시 정지된 영화의 한 장면처럼 아무런 미동도 없이. 온 세상이 멈추고 오직 나만 움직일 수 있는 마법 같은 순간이었다. 경건한 국가가 끝나자 사람들은 다시 빛과 생기를 되찾고 가던 길을 간다.

너른 광장에서는 흥겨운 음악과 간드러지는 구호 소리에 맞춰 남녀노소가 단체 에어로빅을 즐기고 있다. 그들의 동작과 구호가 어찌나 정확한지 감히 어설프게 끼어들 엄두조차 나지 않는다. 저런 건 도대체 어디서 배우는 걸까. 몇 번쯤 따라하면 완벽하게 익힐 수 있을까.

호수 위로 오리배가 잔주름을 만들며 수면을 가르고 있다. 머리 카락을 쓸어 넘기고 지나간 바람은 나뭇잎을 흔들고는 어디론가 흘러간다. 바닐라 향이 날 것 같은 보드라운 하늘 위로 힘차게 날아오른 비행기가 점이 되어 사라진다. 내일이면 나도 방콕으로부터 점이 되어 사라질 때까지 누군가의 눈 배웅을 받겠지.

시간이 천천히 흐르고 멈추기를 반복하던 오후 여섯시의 룸피니 공원. 분명 방콕의 한가운데 있지만, 이곳의 공기는 다른 결을 갖고 있다. 조금 더 보드랍고, 조금 더 시원하고, 조금 더 깨끗하고, 조금 더 느릿하다.

♦ 방콕에서 국가가 나올 때: 태국의 국가인 '프렝찻타이'가 매일 오전 8시와 오후 6시에 공공기관, 공원, 텔레비전, 라디오에서 울려퍼진다. 아침과 저녁 하루 두 차례 태국 국가가 울려 퍼질 때면 천만의 방콕 시민들이 걷고 달리고 말하고 먹는 것을 멈추고 국가에 경의를 표한다.

늦은 오후 룸피니 공원을 거닐다가 온 세상이 일시 정지하는 신비로운 순간을 꼭 만나보길 바란다.

♦♦ 룸피니 공원: 뉴욕에 센트럴 파크가 있고, 파리에 뤽상부르 공원이 있다면, 방콕에는 그 못지않은 룸피니 공원이 있다. 숨 막히는 도시 관광에 지쳤다면 룸피니 공원에 가보는 것도 좋다.

날씨가 선선한 오후, 시암 스퀘어에서 도보로 갈 만한 거리이고 길도 복잡하지 않다. 전철을 타고 룸피니 역에 내리면 바로 앞이다. 공원 근처에서 자전거를 빌려 한 바퀴 돌아도 좋을 만큼 넓다.

04.
라오스

Laos

라오스

라오스는 태국, 미얀마, 중국, 베트남, 캄보디아에 둘러싸인 내륙 국가이다. 국경을 접한 나라는 많지만 험준한 산악 지형과 사회주의로 인한 정치적 갈등으로 한때 고립되었다. 1994년 이후 태국과의 관계를 개선하고 현재는 안정적으로 성장을 하고 있다. 공용어인 라오어는 태국어와 80퍼센트가량 유사해 서로 다른 언어임에도 소통이 가능하다. 사회주의 국가이지만 국민 대부분이 믿는 불교의 영향으로 느긋하면서도 정갈한 분위기를 품고 있다.

맛보기

○ 랍Larb 잘게 다진 고기나 생선을 야채를 함께 볶아 샐러드 야채나 오이와 함께 곁들여 먹는다. 매콤하고 짭짤한 편이다.

○ 콩지Congee 라오스식 쌀죽이다. 기본 쌀죽에 고기나 달걀, 유티아오Youtiao라는 튀김 등을 얹고 잘게 썬 고수를 뿌려 먹는다.

○ 까오냐우Khao Niaow 대나무 통발 그릇에 담아내는 찹쌀밥. 다른 동남아시아 국가와 달리 찰기가 있는 쌀밥을 즐겨 먹어 한국인 입맛에도 잘 맞는다.

○ 프랑스 음식 프랑스 식민 지배를 받으며 음식 문화가 이식되어 비엔티안 같은 도시에서는 프렌치 레스토랑이나 베이커리도 종종 볼 수 있다.

행사 즐기기

○ 4월 분 삐 마이Boun Pi Mai 라오스의 신년 축제. 태국과 비슷하게 '물의 축제'라 불리며 서로에게 물을 뿌리며 복을 빌어준다.

○ 5월 분 방 파이Boun Bang Fai 농업국가로서 땅의 풍요로움을 기원하며 지

내는 기우제. 우기 전에 직접 제작한 로켓(방 파이)을 쏘아 올린다.

○ **9월 분 옥 판싸**Boun Ok Phansa **카오 판싸**Khao Phansa, 스님들이 3개월간 사원에 머물며 수행하는 일가 끝나는 날을 기념해 열리는 축제이다. 꽃과 초로 장식한 작은 배를 강물에 띄워 보낸다.

○ **11월 분 탓 루앙**Boun That Luang 비엔티안의 파 탓 루앙에서 열리는 대규모 불교 축제로 다양한 볼거리가 펼쳐진다.

① 루앙프라방

둘러보기

○ **왕궁 박물관**Royal Palace Museum 프랑스 식민 지배의 영향으로 라오 양식과 유럽 양식이 혼합되어 있다. 1975년 사회주의 혁명이 성공하면서 왕정이 해체되고 그후 지금까지 박물관 역할을 하고 있다. 왕궁의 역할을 하던 시절의 왕의 접견실, 침실, 도서관, 응접실 등이 그대로 보존되어 전시된다. 왕궁 옆에는 화려한 황금사원, 왓 마이Wat Mai도 있으니 함께 둘러보기 좋다.

○ **푸씨 언덕**Phou Si hill 왕궁 박물관에서 길 건너편에 푸씨 언덕으로 오르는 계단이 있다. 정상에서 루앙프라방을 에둘러 흐르는 메콩 강 풍경을 조망할 수 있다. 일몰을 보기 위해 늦은 오후에 이곳을 찾아오는 여행자들이 많다.

겪어보기

○ **탁밧**Tak Bat 행렬 보기 매일 새벽 6시를 전후로 루앙프라방 거리 곳곳에서 승려들에게 공양을 하는 의식이 펼쳐진다. 불교신자인 주민들뿐만 아니라 여행자들도 음식을 직접 준비하거나 미리 사와서 탁밧에 동참할 수 있다.

쇼핑하기

○ **야시장** 루앙프라방의 여행자 거리인 시사방봉 거리Sisavangvong Road는 해 질 무렵이면 차량이 통제되고 야시장이 열린다. 소박한 수공예품이나 기념품을 파는 좌판이 많고, 노점에서는 과일 주스나 라오 커피를 맛볼 수 있다.

돌아다니기

루앙프라방 시내는 도보로 다닐 수 있을 만큼 아담하다. 자전거를 빌려서 다녀도 좋다.

아시아의 스위스

♦ 라오스 무비자 입국: 라오스는 2008년 한국과 비자 협정이 체결되어 15일 이내는 비자 없이 출입국이 가능하다. 무비자 협정으로 한국 관광객이 늘어난 덕에 라오스에서 심심치 않게 한국어로 된 간판이나 메뉴판을 볼 수 있다.

무비자 체류 기간인 15일을 넘길 경우 출국시 하루 10달러의 벌금이 부과된다. 체류 기간이 넘기 전에 인근 국가에 출국했다가 들어오면 다시 비자가 15일 연장된다. 15일 이상 장기 체류할 예정이라면 한국에서 미리 비자를 받아서 가는 편이 낫다.

라오스는 남북으로 긴 나라다. 북부는 중국, 미얀마와 국경을 접하고, 서쪽은 태국, 남쪽은 캄보디아, 동쪽은 베트남과 맞닿아 있다. 게다가 때 묻지 않은 산과 강을 품고 있으니 아시아의 스위스라고 불러도 좋겠다. 라오스를 다녀온 여행자들로부터 귀동냥한 이야기들을 조각조각 모아보면 라오스는 순수하고 너그러운 지상낙원일 것만 같다. 북부 루앙프라방에서 라오스 여행을 시작하기로 했다.

치앙마이에서 꼬박 하루가 걸리는 보트를 타고 메콩 강 물결을 거슬러 루앙프라방에 가볼까도 생각해봤지만, 강물이 불어난 우기에 보트가 뒤집혔다가는 시체도 못 건질 것 같다. 왠지 나 하나쯤 빠져도 그냥 유유히 가던 길을 갈 것 같기도 하고. 내가 가입한 여행자 보험이 얼마짜리였더라.

몇 가지 선택지 중에 나는 비행기를 타기로 했다. 시간을 아끼고 싶은 것도 이유였지만, 그보다는 황토빛 메콩 강이 흐르는 모습을 하늘에서 조감하고 싶었다.

라오항공의 비행기는 작다. 지금까지 타본 여객기들 중 가장 작았다. 조금 널쩍한 고속버스 같은 느낌이랄까. 바람이 조금만 더 세게 불면 저멀리 러시아까지 날아가버릴 것 같다. 날씨는 궂었고 비행기는 위태롭게 흔들거렸지만 창밖으로 내려다보이는 루앙프라방의 풍경은 차분하기만 하다. 야트막한 건물과 사원, 좁다란 골목이 보인다. 오직 메콩 강 물줄기만이 뱀처럼 구불구불 흘러가며 풍경에 생동감을 준다. 비에 젖은 라오스는 짙은 색을 띠었다. 나무도 짙고, 땅도 짙고, 강물도 짙었다.

비행기만 고속버스 같은 게 아니라 공항도 고속버스 터미널 같다. 작고 아담하다. 사람을 위압하지 않는 크기. 한국은 라오스에 무비자로 입국할 수 있는 몇 안 되는 나라 중 하나다. 까다롭고 무뚝뚝했던 싱가포르 입국 심사관과는 달리 라오스는 너무도 착한 미소를 띠며 내게 길을 열어주었다. 가뿐하게 라오스로 걸어 들어갔다.

♦♦ 라오스 루앙프라방으로 가는 항공편: 한국에서 루앙프라방으로 가는 직항 항공편은 없지만, 라오스의 수도 비엔티안을 거쳐 루앙프라방으로 갈 수 있다. 인천에서 비엔티안까지는 5시간가량 소요되고, 진에어와 라오에어라인을 이용할 수 있다.

비엔티안에서 루앙프라방까지는 50분이 소요되고 라오에어라인이 하루 서너 차례 국내선을 운항한다. 인접 국가인 태국이나 베트남에서 가는 항공편도 많다.

방콕에서 2시간, 치앙마이나 하노이에서 1시간 소요된다. 루앙프라방국제공항은 시내에서 약 4킬로미터 떨어진 곳에 위치해 있다.

연락처는 주고받지 않았다.
혹시 어긋나더라도
어디서든
마주칠 수 있을 것 같은
작은 마을이었으니까…….

택시도 나눠 타고
음식도 나눠먹는 사이,
오래 알던 사이는 아니지만
나는 그녀와
친.구.가. 된. 듯.한.
기분이 들었다.

여행자의 친구

루앙프라방 시내로 들어가는 택시를 타기 위해 줄을 섰다. 내 뒤에 혼자 여행을 온 듯한 여자가 서성인다. 살짝 눈인사를 하고는 그녀에게 시내로 들어가느냐 물었다. 진한 녹색의 여권을 손에 쥐고 있어 한국 사람인 줄 알았는데, 타이완 사람이었다. 그녀의 이름은 쉐리. 루앙프라방으로 짧은 여름휴가를 왔단다. 우리는 함께 택시를 나눠 타기로 했다. 택시에서 우리는 같은 색깔의 여권을 손에 쥐고 오랜 친구인 것처럼 자연스럽게 굴었다. 그녀의 숙소 근처에서 내렸고, 두 시간 후에 다시 만나기로 하고 헤어졌다. 연락처는 주고받지 않았다. 혹시 어긋나더라도 어디서든 마주칠 수 있을 것 같은 작은 마을이었으니까.

그녀와 헤어진 나는 잘 곳을 찾아다녀야 했다. 휘적휘적 동네를 거닐며 여유롭게 이 집 저 집 방이 있는지 물어보고 구경했다. 서너 군데 방을 둘러본 뒤 작은 마당을 가진 가정집 민박에 머물기로 했다. 하루에 7만 5천 킵, 대충 10달러가 조금 안 되는 가격이다. 일단 처음 부른 값에서 깎고 보는 게 버릇이 된 나는, 불쌍한 표정을 지으며 7만 킵에 안 되겠냐고 물었다. 주인아저씨는 내 머리 꼭대기에 앉은 사람처럼 웃으면서 안 된다고 한다. 사실 5천 킵은 우리 돈으로 1천 원도 안 되니까 내게 그리 아쉬운 돈은 아니다. 다만 숫자가 커서 큰돈처럼 느껴질 뿐.

방에 짐을 내려놓고 잠시 멍하니 누웠다. 네모반듯한 창문으로 조각난 하늘이 액자처럼 걸려 있다. 하루가 평온하게 저물고 있다. 잠이 건듯건듯 밀려온다. 쉐리와 만나기로 한 시간도 다가온다. 잠이 들락 말락 흩어진 정신과 늘어진 팔다리를 주섬주섬 챙겨 밖으로 나왔다.

길가에서 어슬렁거리다보니 골목에서 쉐리가 활짝 웃으며 걸어온다. 그녀와 나는 식당이 늘어선 시사방봉 거리를 걸었다. 루앙프라방의 메인 거리는 달랑 하나이고, 그 길조차 넓지도 길지도 않다. 우리는 라오스 음식을 파는 식당에서 저녁을 먹고 맥주를 마셨다. 택시도 나눠 타고 음식도 나눠먹는 사이, 오래 알던 사이는 아니지만 나는 그녀와 친구가 된 듯한 기분이 들었다.

신기하다. 여행을 하며 누군가를 만나 이렇게 쉽게 어울린다는 것이. 어릴 적에는 동네 놀이터에서 처음 보는 아이들과 잘도 친구가 되어 놀았는데, 학교에 들어가면서부터 모든 것이 달라졌다. 주어진 환경이 아니고는 친구를 사귀는 일이 서먹해진 것이다. 친구가 되기 위해서는 동질감을 느낄 수 있는 울타리인 소속감이 필요했다. 친구는 언제나 분류되었다. 고등학교 친구인지, 대학교 친구인지, 동아리 친구인지, 회사 친구인지. 어디서 어떻게 알게 된 친구인지가 꼬리표처럼 늘 따라붙어야 했다.

회사를 그만두면서 그 어디에도 소속되지 못한 나는 존재에 대한 하찮고도 비장한 고민에 빠져야 했다. 한국 사회에서 소속감이란 곧 존재감이기도 하니까. 자발적으로 울타리를 걸어 나와 먼 나라로 가는 비행기에 올랐고, 꽤 오랫동안 여행하는 사람으로 살았다. 규칙적으로 만나는 회사 동료도 없고, 주말에 불쑥 전화를 걸어 불러낼 친구도 없다. 때로 쓸쓸하지만, 그 자리가 항상 비어 있는 것은 아니었다.

이상하고 신기하게도, 울타리 밖을 떠도는 여행자들과 옷깃을 스칠 때면 묘한 동질감을 느끼고 쉽게 마음을 연다. 세상의 수많은 울타리들 중 어디에도 속하지 못한 이들. 여집합도 집합이긴 하니까, 어쩌면 울타리 밖에 있다는 것이야말로 우리의 소속감일지도 모르겠다.

♦ 혼자서 여행하기: 혼자 여행하기로 마음먹고도 불안하다. 여행하는 내내 혼자 다니면 어쩌나 하고. 그러한 걱정은 여행지에 도착하는 순간 녹아내린다. 먼저·뜨거운 더위에 녹아내리고, 다음으로 어깨를 스치며 인사를 나누는 사람들의 다정함에 녹아내린다.

세상 어딜 가든 사람들은 똑같다. 서로가 궁금하고 서로가 정답고 서로가 그립다. 그러니 혼자라고 너무 주눅 들지 않아도 괜찮다.

◆◆ 루앙프라방: 라오스 북부, 도시 루앙프라방Luang Prabang은 메콩 강 지류로 형성된 반도에 자리하고 있다. 1560년 비엔티안이 수도로 정해지기까지 루앙프라방이 란상 왕국의 수도였다. 루앙프라방 도시 전체가 유네스코가 지정한 세계유산으로 전통 사원과 식민지 시대의 근대 건축물이 잘 보존되어 있다. 루앙프라방의 메인 거리인 시사방봉 거리는 소박하고 단정하다.

여러 사원과 왕궁 박물관이 접해 있으며, 숙소나 여행사, 환전소, 식당이 늘어서 있어 여행자들이 반드시 거쳐서 가게 되는 곳이다. 시사방봉 거리에서 이어진 328개의 계단을 따라 언덕을 오르면 금세 푸씨 산 전망대에 오를 수 있다. 루앙프라방 전경은 물론이고 메콩 강을 물들이는 해넘이도 볼 수 있어 저녁 무렵이면 여행자들이 몰려든다.

착한 바가지

루앙프라방에 밤이 내리면 메인 도로인 시사방봉 거리에는 차량이 통제되고 야시장이 펼쳐진다. 뭔가 살 것이 없더라도 시장에서 느끼는 사람 사는 냄새가 좋아 자주 기웃거린다. 그곳에서 나는 물건 파는 사람들과 이야기를 나누고 군것질을 하며 시간을 보낸다.

루앙프라방의 야시장에는 활기보다는 한가로움이 흐른다. 긴 세월 흥정이라고는 못 해봤을 것처럼 무뚝뚝한 표정으로 앉아 있는 고산족 할머니, 무럭무럭 자라나는 아이에게 젖을 물리는 젊은 여인, 잠든 아이에게 부채질을 하는 어린 누이. 누구도 물건 하나 더 팔아보겠다고 달려들지 않는다. 물건에 가격표를 붙여놓지 않았지만 그들이 불러주는 가격은 왠지 수긍이 간다. 속는다는 느낌이 들지 않는 정직한 가격 같기도 하고, 좀 속여도 괜찮을 텐데 싶은 착한 가격이기도 하다.

아프리카 모로코를 여행할 때가 떠오른다. 모로코의 상점에서도
가격표 따위는 구경도 못 해본 건 마찬가지이지만, 상인들이 가
격을 부를 때면 매번 제대로 뒤통수를 맞는 기분이 들었다. 같은
슈퍼마켓에 세 번이나 들러 같은 과자를 샀는데, 갈 때마다 매번
가격이 달랐다. 불안한 정세에 출렁이는 환율이나 유가보다 더
높게 널뛰기하는 과자 값에 매번 어이가 없었다.

그와 달리 루앙프라방의 시장에서는 왠지 속아주고 싶을 만큼
착한 얼굴로 그럴 법한 가격을 부른다. 그럴 때면 사지도 않을
거면서 물어본 게 괜히 미안해진다. 혹시라도 무언가 사야 할 때
는 그들이 처음 부른 가격에 무조건 사야겠다고 생각했다. 얄은
흥정 따위 하지 않고 그들의 '착한' 바가지에 착하게 속아주고
싶다.

♦♦ 라오 커피: 라오스에서 직접 생산된 라오 커피Lao Coffee는 팍송Pakxong 커피라고도 불리는데 팍송은 남부 지방의 커피 생산지 이름이다. 해발 1,260미터의 고원 도시에서 풍부한 강수와 적절한 온도, 화산성 토양으로부터 양분을 받아 커피 농장으로 최적의 조건을 갖추고 있다.

라오스에 처음 커피가 도입된 것은 프랑스에 식민 지배를 받았던 1910년대이고, 아라비카 품종과 로부스타 품종이 재배되고 자국 내에서 소비되기보다는 주로 해외로 수출된다.

라오 커피는 에스프레소처럼 매우 진하고, 연유를 듬뿍 넣어 마시므로 핫초콜릿처럼 달콤하다. 루앙프라방 야시장 노점에서는 한 잔에 5천 킵(약 700원)에 맛볼 수 있다.

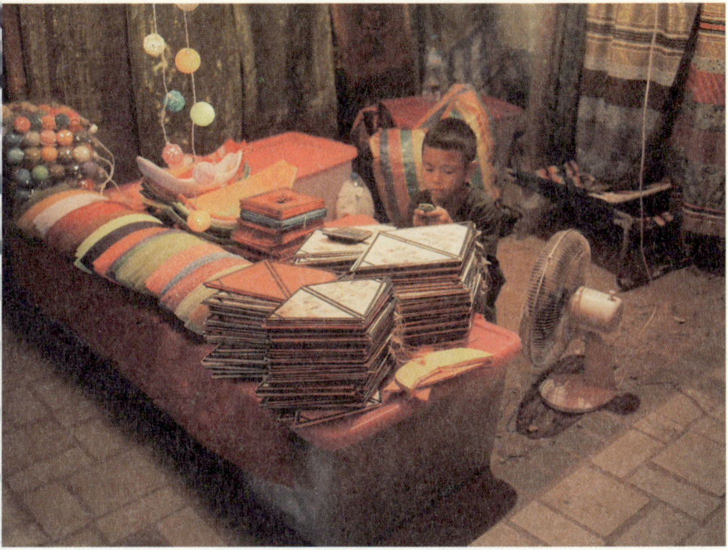

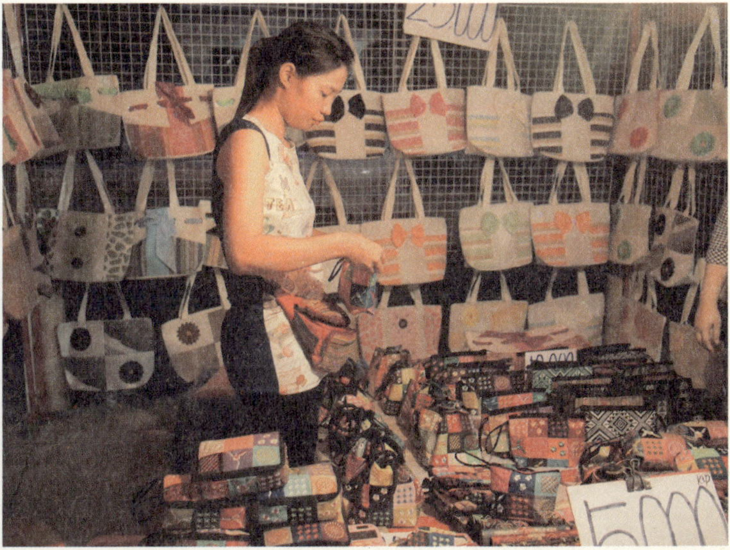

위로 한 그릇

♦ 탁밧 행렬: 매일 새벽 6시 전후 루앙프라방의 승려들은 단출한 바리때(바구니)를 어깨에 메고 맨발로 길을 따라 걷는다. 불교 신자인 주민들은 무릎을 꿇고 앉아 정성스럽게 음식을 공양한다. 바쁜 일상에서 남을 돌아볼 여유마저 잃어버린 여행자들에게 루앙프라방이 보여주는 가장 아름다운 풍경이 아닐까.

탁밧은 야시장이 열리는 시사방봉 거리에서 시작하여 루앙프라방 구석구석을 돈다. 시사방봉 거리 근처에서는 주로 여행자들이 탁밧에 참여하기 때문에 고유의 차분한 분위기를 느끼기는 어렵다. 하지만 멀찍이 떨어져 승려들의 걸음을 쫓으며 그들의 탁밧 행렬을 지켜보는 것은 여행자를 위한 좋은 명상이 될 것이다.

루앙프라방을 찾은 여행자들은 적어도 하루쯤은 일찌감치 일어나 부지런을 떨어야 한다. 이른 새벽에 지나가는 탁밧 행렬을 보기 위해서다. 첫 닭이 울면 루앙프라방의 스님과 예비 승려들은 바리때를 들고 줄지어 하루치 음식을 시주 받는다. 맨발의 승려들은 차분하고 공손하게 하루치의 음식을 받고는 사원을 향해 흐트러짐 없이 걸어간다. 길 건너 탁밧 행렬을 따라 천천히 거닐었다. 빠르지도 느리지도 않게, 멀찍한 거리에서 보폭을 맞추었다. 승려들의 옷자락을 눈으로 더듬었다. 천 하나를 두르고 하루치 음식을 손에 쥔 그들의 가벼운 삶이 부러웠고, 동시에 가난조차 욕망하는 내 마음이 부끄러웠다.

하루에 필요한 만큼만 갖고 더 욕심내지 않는 삶이 가뿐하니 부럽다. 우리에게 필요한 것은 더 큰 냉장고, 더 넓은 부엌이 아니라 어쩌면 하루 몫의 먹거리, 하루 몫의 희망, 하루 몫의 위안이고 사랑이 아닐까. 승려들에게 시주한다고 해서 누군가의 몫이 줄어드는 것은 아니다. 그저 주고받는 이가 함께 풍족해질 뿐. 그것을 알기에 루앙프라방의 탁밧 행렬은 매일같이 이어진다. 원래 세상에는 모든 사람들이 나누고도 남을 만큼 충분한 음식이 있다고 들었다. 누군가가 굶는 것은 음식이 부족해서가 아니라 우리가 나누는 법을 모르기 때문이라고.

탁밧 행렬이 끝나면 여행자들은 자다 만 잠을 자기 위해 숙소로 돌아간다. 이때다. 이른 아침의 루앙프라방을 호젓하게 구경할 수 있는 기회 말이다. 아무도 없을 거라는 나의 예상은 보기 좋게 빗나갔다. 좁은 골목길에 부지런한 새벽시장이 열려 있다. 한 낮에는 휑한 골목이었는데, 아침마다 동네 사람들을 위한 장이 열리나보다. 농부들은 하루치 장사를 하고, 아낙들은 하루치 장을 본다.

가까운 곳에서 길러낸 신선한 채소가 매대에 누워 숨쉬고 있는 것만 같다. 제 아무리 냉장 기술이 뛰어나다 하더라도 먼 거리 트럭에 실려 온 채소는 왠지 지쳐 보인다. 그런데 제 고장에서 나고 자란 채소는 어쩐지 자신감이 있어 보이고 실제로 맛도 좋다. 태국 길거리에서 요리한 팟타이나 베트남 시장통에서 말아준 쌀국수처럼 그 고장에서 난 재료로 즉석에서 만든 음식은 맛이 기막히다. 그 특별한 맛과 향은 여행자의 몸에 켜켜이 밴다.

새벽시장 구경을 마치고 시장 끝에 있는 포장마차에 들렀다. 두툼한 손을 가진 순박한 여인이 죽을 팔고 있다. 라오스에서는 죽을 '콩지'라고 부른다. 한 그릇에 1만 킵. 걸쭉한 죽에 튀김 고물을 얹고 고수 잎을 뿌려준다. 고수 잎이 지닌 뭐라 설명할 수 없는 강렬한 향에 끝내 익숙해지지 못한 나는, 라오스에 도착하자마자 고수 잎을 현지어로 무어라 부르는지 배워야 했다. 팍험. 제대로 배웠는지는 알 수 없다.

나는 그녀에게 팍험을 빼달라고 했다. 그녀는 내 말을 알아듣지 못하고, 잘게 썬 고수 잎을 죽 위에 흩뿌려 내어준다. 어쩔 수 없다. 숟가락으로 고수 잎을 한쪽으로 살살 걷어내고 콩지를 한 입 떠먹었다. 마음까지 따뜻해지는 맛이다. 이른 아침 낯선 나라에서 나는 죽 한 그릇만큼의 따뜻한 위로를 천천히 떠먹었다.

♦♦ 고수는 빼주세요: 고수
잎을 싫어한다면 라오스어
로 발음을 잘 기억해두어야
한다. 또박또박 다소곳이
말하면 아무도 못 알아듣는
다. 고수는 라오스어로 '팍
씨-' 혹은 '팍험'이라고 불
린다.

고수를 빼달라는 표현은
'비어 싸이 팍씨-' 혹은
'험-뽐 팍험-'이다. 뒤를 끝
어올리듯이 길게 발음하는
게 현지 발음이 가깝다.

유토피아

루앙프라방에는 유토피아라는 펍이 있다. 루앙프라방을 떠나기 전날, 나는 쉐리와 함께 유토피아에 갔다. 한적한 골목을 몇 번이나 돌고 몇 번이나 길을 묻고 나서야 겨우 찾을 수 있던 곳. 꽁꽁 숨어 있는 구석진 위치가 이름 못지않게 마음에 든다.

서울 기준으로 본다면 달동네 호프집처럼 후줄근했지만, 여행하다 보면 이렇게 누추하고 자연스러운 공간이 오히려 더 친근하고 매력적이다. 손님들은 대부분 외국인 여행자들이다. 이런 누추한 펍에서 맥주 한잔 마시는 것조차 라오스 사람들에게는 월급날에나 한번 부려볼 법한 사치일 테니까. 영화관 스크린처럼 한쪽으로 메콩 강의 풍경이 펼쳐져 있고, 사람들은 유유히 흐르는 메콩 강을 바라보며 맥주를 마신다.

우리 테이블에 서빙을 하는 젊은 청년은 누nou라고 자신을 소개했다. 그는 우리에게 맥주를 가져다주고 오며가며 눈인사를 하고 수줍게 웃었다. 라오스 사람들은 내성적이고 조용해서 눈에는 잘 안 띄는 1분단 첫째 줄에 앉은 아이 같다. 그는 딱 그런 천진함을 얼굴에 묻히고 있었다. 한 무리의 손님들이 지나가고 한가해진 틈에 그는 우리 테이블에 와서 함께 얘기를 나누었다.

그는 유토피아에서 일한 지 일 년이 다 되어간다고 했다. 처음에는 영어를 못해 주방에만 있었는데, 여기 오는 외국인 손님들과 한두 마디씩 나누며 영어를 배웠고, 이제는 주방에서 나와 서빙을 전담한다고 했다. 오후 네시부터 오후 열한시 반까지 일하고 한 달에 하루쯤 쉬는데, 그가 손에 쥐는 돈은 60만 킵, 약 80달러라고 했다. 그에게는 딸이 셋 있고, 지금 아내 배 속에 넷째 아이가 있다고 했다. 마음속으로 나는 그의 넷째가 아들이길 바랐다. 그렇게 계속 낳기만 하다가는 80달러로 생계를 이어가기 어렵지 않을까, 오지랖 넓게 걱정을 하며.

오히려 누는 쉐리와 내 나이를 듣고는 '아직도' 결혼하지 않은 우리를 진심으로 걱정해주었다. 한국이나 타이완은 어떨지 모르 겠지만, 라오스에서 여자에게 가장 중요한 일은 엄마가 되는 것 이라고 했다. 쉐리와 나는 아직 엄마가 되는 것보다 스스로의 삶 이 더 중요하다고 생각했지만, 그의 표정이 너무 진지해 말을 고 르고 골라야 했다. 마치 금방이라도 결혼을 할 것처럼, 머지않아 여자의 완성체인 엄마가 될 것처럼 말하며 그를 안심시켰다.

누는 유토피아에서 일하며 더 의미 있는 삶을 살기 위해 대학을 다닌다고 했다. 나중에 고향 마을로 돌아가서 선생님이 되어 아 이들을 가르치겠다는 착한 소망을 품은 채. 욕심내지 않고 한 발 한 발 내딛는 착실하고 순박한 스물여덟 청년의 미소가 가슴 뭉 클하다. 그런 그가 일하는 곳이기에 이곳을 유토피아라 부를 수 있는 게 아닐까. 언젠가 그가 아이들을 가르칠 유토피아는 어떤 곳일까 벌써 궁금하다.

♦ 루앙프라방에서 만난 유토피아: 유토피아는 여행자들 사이에서 유명한 장소다. 유유자적 흘러가는 메콩 강 풍경 앞에 넋을 놓고 멍의 세계에 심취하기 좋은 곳으로 말이다. 루앙프라방에 머무는 일정이 넉넉하다면 가볼 만하다.

다른 배낭여행자들을 만나 어울리기도 쉽다. 월요일에서 토요일까지는 오전 7시 30분부터 8시 30분까지 요가 클래스도 운영되고 있다.

○ 가는 길과 요가 스케줄
www.utopialuangprabang.com

② 방비엥

둘러보기

○ **탐 푸캄**Tham Phu Kham 현지인들에게는 신성한 동굴로, 여행자들에게는 환상적인 블루라군Blue Lagoon으로 알려져 있다. 맑고 푸른 물에서 수영을 즐길 수 있다.

○ **쏭 강**Nam Song 도보로 마을 한 바퀴 도는 일이 너무 빨리 끝나버려 허무하다면 쏭 강에 가로 놓인 대나무 다리를 건너 서쪽 마을로 다녀와도 좋다. 단, 방비엥은 현지인들이 밀려나고 관광산업만 남아버린 탓에 다리를 건너는 것조차 통과세를 받는다. 왕복 요금으로 사람은 4천 킵(500원), 자전거는 6천 킵(750원)정도.

겪어보기

○ **튜빙**Tubing 튜브를 타고 강을 따라 내려오는 투어 프로그램으로 여행자들이 방비엥을 찾아오는 주목적이기도 하다. 쏭 강 상류에서 강 물결을 따라 2~3시간 내려오며 동굴도 구경할 수 있다. 단, 우기에는 물빛이 탁하고 물살도 거세져 위험할 수 있다.

돌아다니기

방비엥은 도보로 다닐 수 있을 만큼 아담하다.

방비엥 가는 길

♦ 방비엥 가는 길: 루앙프라방에서 방비엥Vang Vieng으로 가는 차를 탈 때는 빈속으로 타는 게 좋다(치앙마이에서 빠이로 가는 코스와 마찬가지로). 라오스에서부터 168킬로미터에 달하는 길은 결코 잘 닦인 경부고속도로가 아니다. 두어 번 휴게소 겸 슈퍼마켓에 들르는데 화장실은 대부분 유료이고 휴지는 제공하지 않는다. 잔돈과 휴지는 미리 준비해야 한다.

방비엥으로 가는 길. 이차선 도로 양옆으로 몇 채의 누추한 집들이 나타났다 사라지기를 반복한다. 누가 더 잘 산다 못 산다 가릴 것도 없는 고만고만한 집들이다. 나무판자로 얼기설기 지어놓은 오두막 앞에 닭 몇 마리와 꼬마들이 사이좋게 어울려 놀고 있다. 네댓 살쯤 되어 보이는 아이가 갓난아이를 업어 키운다. 아이들만 많다. 어른들은 어디로 숨었는지 보이지 않는다. 산에 나무를 하러 간 건지, 읍내에 나물을 팔러 간 건지, 그도 아니면 대낮부터 어디 숨어 아이라도 만드는 건지. 가난의 꼬질꼬질함으로도 감출 수 없는 티 없이 맑은 눈의 아이들만 보인다.

방비엥으로 가는 도로의 형편은 그리 좋지 못했다. 거친 커브 길을 돌 때마다 내 얼굴은 점점 회백색으로 질려갔다. 그나마 멀미를 가장 덜 느끼는 조수석을 양보해준 푸른 눈 청년의 배려에도 나의 멀미 기운은 쉬이 가시질 않았다. 고맙다는 말도 제대로 못 하고 먼 산을 바라보며 멀미를 이겨내려 노력했지만 먼 산이 자꾸만 위아래로 출렁거리고 앞뒤로 오락가락했다. 급기야 낯선 나라의 국도변에 쭈그리고 앉아 헛구역질을 하며 새삼스럽게 위장의 존재감을 확인해야 했다.

루앙프라방에서 방비엥까지는 168킬로미터 떨어져 있다. 편협한 나의 속도와 거리 개념은 168킬로미터를 두세 시간이면 갈 수 있는 가까운 거리라고 단정했다. 나는 한국에서의 거리와 시간의 공식을 끌어와 라오스 육로 여행을 가볍게 생각했던 것이다. 방비엥에 도착해 차에서 내렸을 때 무려 여섯 시간 반이 흘러 있었다.

잇츠 세이프!

방비엥으로 가는 차에서 동갑내기 타이완 여행자 린을 만났다. 루앙프라방에서 쉐리와 작별한 지 하루도 지나지 않아 또 혼자 여행하는 타이완 여자를 만나다니. 타이완에 라오스 여행 붐이라도 일어난 게 아닐까. 그녀는 다니던 직장을 그만두고 두 달째 동남아시아를 여행하는 중이라고 했다. 숙소를 미리 정해두지 않은 우리는 함께 숙소를 찾아 하룻밤 룸메이트가 되기로 했다. 싱글룸보다는 트윈룸이 더 경제적이라는 이유도 있었지만, 왠지 나와 비슷한 점이 많은 그녀가 궁금하기도 했던 탓이다.

우리는 산수화 같은 쏭 강 풍경이 정면으로 보이는 건물 4층에 위치한 방에 묵기로 했다. 숙소 건물은 짓다가 만듯 밋밋한 콘크리트 성냥갑 같은 모양새다. 방 안에 도마뱀이 기어다니는 것과 4층까지는 와이파이가 안 된다는 게 흠이었지만, 이 가격에 쏭 강을 정면으로 보여주는 방은 어디에서도 구하지 못할 것 같다. 우리는 숙소에 짐을 내려놓고 저녁을 먹으러 나갔다.

방비엥은 이상하게 한산했다. 한가로운 한산함이라기보다는 폐허 같은 황량함에 가까웠다. 어딘가 모르게 어수선한 느낌. 비수기인데다가 3일 내리 비가 내려서 튜빙을 즐길 수 없어서 여행자의 발길이 끊긴 것일까.

제대로 음식을 할 것 같은 활기찬 식당은 눈에 띄지 않았다. 그 나마 손님이 몇 명 앉아 있는 식당에 자리를 잡고 볶음국수와 과일 주스를 주문했다. 볶음국수는 어제 밤새도록 울었는지 면발이 퉁퉁 불어 있었고, 과일 주스에서는 20년 전 동네 문방구에서 사 먹던 젤리 맛이 났다. 좌식 테이블에 앉아 있는 여행자들은 인생에서 가장 지루한 한때를 맞이한 것처럼 멍을 때리고 있었다. 텔레비전에서는 〈심슨 패밀리〉가 나오는데 만화가 슬퍼 보이기는 처음이다. 그녀와 나는 음식을 반쯤 남기고 자리를 털고 일어났다.

린은 방비엥에서 꼭 튜빙을 하고 싶었다며 여행사에 들러 가격을 물어보자고 했다. 튜빙은 그녀가 방비엥을 찾은 이유였다. 그녀를 따라 구멍가게 같은 여행사에 갔다. 비수기라 그런지 파리만 날리고 있다. 어리바리한 표정의 외국인 여행자 둘이 튜빙 가격을 묻자 여행사 직원은 봉을 잡겠다는 일념하에 침을 튀기며 설명하기 시작했다. 튜빙을 하지 않고 방비엥을 지나치면 큰일이라도 날 것처럼 호들갑을 떨면서.

"잇츠 세이프! 잇츠 세이프! 돈 워리, 노 댕져러스! 두 유 원투 고 투모로우?"

만약 그가 그렇게 강조하지 않았더라면 약간이나마 호기심이 생겨 튜빙에 도전해봤을지도 모르겠다. 하지만 그의 입에서 끊임없이 흘러나오는 '세이프'라는 단어가 무진장 귀에 거슬렸다. 불어날 대로 불어난 쏭 강은 흙탕물이 넘실거리고 육안으로 뱀인지 뱀장어인지 모를 기다란 생물체가 흐물흐물 헤엄치는 게 보이는데. 도대체 뭘 믿고 안전하다는 걸까. 린도 머뭇거리더니 결국 하루 더 지켜보고 결정하겠다며 걸음을 돌려 나왔다.

우리는 열어보기 전까지 문이 열렸는지 알 수 없는 어두침침한 슈퍼마켓에 들러 맥주 두 캔과 과자 한 봉지를 사서 탈래탈래 숙소로 돌아왔다. 어둠이 내리고 나니 창문 너머로 쏭 강인지 뭔지는 눈에 보이지도 않는다. 방에서 딱히 할 일도 없는데 인터넷도 안 된다. 그녀와 나는 서로를 탐구 대상으로 맥주를 마시기로 묵언의 합의를 했다.

나는 그녀가 한국 사람처럼 생겼다고 생각했고, 반대로 그녀는 내가 타이완 사람처럼 생겼다고 했다. 그녀는 건축 회사에서, 나는 인터넷 회사에서 첫 직장생활을 했다. 우리는 둘 다 회사를 그만둔 이유가 모호하고, 아직 결혼이라는 관문을 멀게 느끼며 앞으로 뭘 하고 살아야 할지 미래의 청사진도 희미하다. 회사를 그만두고 긴 여행을 떠나느냐 마느냐의 문제에서 그녀와 나는 용감무쌍했지만, 쏭 강 튜빙을 할 것이냐 말 것이냐와 같은 사소한 문제에 있어서는 안전 지상주의를 고집한다. 다른 건 몰라도 목숨은 아껴두자는 생각으로.

나는 그저 머리를 비우고(원래도 든 게 많지 않지만) 여행을 끝까지 따라갈 작정이었고, 아마 그녀도 그런 것 같다. 그녀와의 수다는 별이 반짝거리는 밤까지 이어졌다. 침대에 누웠을 때 천장에 붙어 있는 도마뱀을 보며 웃음을 터트렸고, 서로에게 그리고 도마뱀에게 잘 자라는 인사를 건네고 불을 껐다.

찌뿌드드한 것이 내 몸이었는지 날씨였는지는 잘 기억나지 않지만, 찌뿌드드한 아침이었다. 비가 부슬부슬 내리고 있다. 튜빙을 하고 싶다는 손톱만큼의 마음은 쏭 강 저멀리 두둥실 떠내려가버렸다. 나는 버스를 타고 비엔티안으로 갈 생각이었고, 그녀는 방비엥에 하루 더 머물겠다고 했다. 왠지 튜빙을 하기 전까지 그녀는 방비엥을 떠나지 않을 것 같다. 여행사 직원의 "잇츠 세이프!"가 아직도 귓가에 맴도는 것 같다. "Be safe." 나는 그녀에게 안전하게 다니라고 작별 인사를 하며 안아주었다.

여행의 기억이란 사실적으로 마음에 각인되지 않는다. 겨울에 머물렀던 아이슬란드는 뼛속까지 추웠지만, 어딘가 모르게 따뜻하게 기억된다. 여름에 갔던 방비엥은 후덥지근했지만 왠지 온기가 빠져버린 듯 으스스하게 기억된다. 쏭 강의 풍경은 흠뻑 빠지기에 충분하리만큼 아름다웠지만, 방비엥 거리는 황량하고 삭막했다.

린이 아니었다면 나는 방비엥에 대해 별로 할 말이 없었을 것이다. 방비엥에서 내가 유일하게 온기로 기억하는 그녀. 그녀가 안전하게 여행하길.

♦ 방비엥: 방비엥은 아름다운 쏭 강 풍경을 따라 튜빙을 즐기기 좋은 곳으로 유명하다. 안타깝게도 물지각한 여행자들이 돈을 물 쓰듯 쓰면서 마을은 급격히 관광지화되었고 현지인들이 많이 떠났다. 지금은 관광객을 상대하는 슈퍼마켓이나 음식점, 숙소들만이 남아 있다.

♦♦ 방비엥의 튜빙: 방비엥에서는 쏭 강을 따라 아름다운 절경을 즐기며 튜빙을 할 수 있다. 10여 명 남짓한 인원과 인솔자가 자동차 타이어만 한 튜브 위에 앉아 강물의 흐름을 따라 내려오면서 동굴도 보고 경치도 즐길 수 있어 여행객들에게 인기가 좋은 관광 상품이다.

튜빙과 카약킹Kayaking, 동굴 탐험과 점심식사가 포함된 투어는 10~15만 킵(1만 4천~2만 원)정도이고, 튜브만 대여하는 경우 5만 킵(7천 원)에 보증금 6만 킵(8천 원) 정도다. 우기인 5~10월에는 비가 많이 와서 강물이 불어나면 실종 사고도 종종 일어나니 모험은 금물이다.

누구나 백만장자

♦ 방비엥에서 비엔티안으로: 방비엥에서 비엔티안까지는 4~5시간이 소요되며 미니밴보다 버스를 타고 이동하는 것이 일반적이다. 버스의 요금은 버스 시설이나 성수기 여부에 따라 4~8만 킵(약 5천~1만 원) 정도로 다르다. 보통 오전과 오후, 하루에 2번 운행된다.

방비엥과 비엔티엔 구간의 버스는 'VIP 버스'라고 불린다. VIP 버스라고 해서 특별한 서비스는 전혀 없지만, 미니밴보다는 넓은 좌석에 편하게 탈 수 있으니 나름 VIP 대접이긴 하다.

부르는 게 값. 얄짤없는 여행의 법칙 중 하나다. 방비엥에서 150
킬로미터 떨어진 비엔티안으로 가는 장거리 버스 요금이 5만 5천
킵이었는데, 버스터미널에서 고작 10킬로미터 남짓한 시내로 들
어가는 썽떼우는 3만 킵을 내라고 한다. 비엔티안의 버스터미널
은 승객의 편의가 아니라 썽떼우 기사들의 수익 창출을 위해 애
먼 곳에 지어진 것이 분명하다.

여행자에게 달리 선택의 여지가 없을 때면 가격은 천정부지로 솟
아오른다. 그럴 때마다 여행자의 주머니는 무력하게 털리고 만
다. 이런 경험조차 여행의 일부라고 너그럽게 받아들이고 싶지
만, 금세 얇아지는 지갑을 보면 속상하다. 오늘은 시원한 맥주나
한잔할까 했는데, 지갑도 마음도 움츠려든다.

환전을 적게 한 탓에 가난한 나라 라오스에서 나는 더더욱 가난해
야 했다. 이곳에서도 나는 반경 1킬로미터 안에서 나보다 가난한
사람은 없을 거라고 확신할 만큼 가난했다. 그렇게 쪼들리면서도
한편으로 라오스 돈은 쓸 때마다 재미있고 흥미로웠는데, 거기엔
여러 가지 이유가 있다.

먼저 라오스 화폐는 특이하다. 여행을 하는 나라마다 기념품 삼아 한두 개씩 동전을 모았는데, 라오스에서는 그러지 못했다. 라오스 화폐에는 동전이 없기 때문이다. 가장 작은 단위가 5백 킵(70원 정도)짜리 지폐인데 아쉬운 대로 그 지폐 한 장을 간직하기로 했다.

한편 라오스 화폐는 난감하다. 라오스 킵은 이웃나라 태국에서도 환전을 해주지 않는다. 그러니 적당한 금액을 환전해서 반드시 다 쓰고 떠나야 한다. 라오스 킵은 라오스라는 게임 판을 벗어나면 가치가 없는 부르마블 게임의 돈 같은 존재다.

마지막으로 라오스 화폐는 재미있다. 라오스 킵은 단위가 높아서 환전소에서 돈을 바꾸는 순간 어마어마한 부자가 된 기분이 든다. 한국 돈도 단위가 높기로 유명하지만, 라오스는 한국 화폐단위에 숫자 영이 하나 더 붙어 있는 셈이다. 화폐의 단위가 작은 미국이나 유럽에서 온 여행자들은 라오스 돈을 손에 쥐고는 백만장자가 되었다며 너스레를 떨기도 한다. 라오스는 누구나 팔자에도 없는 백만장자가 될 수 있는 나라다.

♦♦ 라오스 화폐: 라오스 화폐 킵kip은 이웃나라 태국에서조차 환전을 해주지 않기 때문에, 라오스 안에서 다 쓰고 떠나야 한다. 라오스 킵은 조금 모자르다 싶을 만큼만 환전을 하고, 여분으로 태국 돈을 같이 들고 다니면 된다.

라오스에서는 어딜 가든 태국 바트가 혼용된다. 1달러나 1천 원이 8천 킵이라고 생각하면 쉽다. 현지 식당에서 1만 5천~3만 킵(약 2천~4천 원)으로 한 끼를 해결할 수 있다.

③ 비엔티안

둘러보기

○ **파 탓 루앙**Pha That Luang 라오스에서 가장 신성한 불교 사원으로 11월에는 분 탓 루앙이라는 불교 축제가 열리는 곳이기도 하다. 45미터 높이의 웅장한 금빛 사원의 모습이 압도적이다.

○ **왓 씨사켓**Wat Sisaket 19세기 태국이 비엔티안Vientiane을 점령했을 때 유일하게 불에 타지 않고 잘 보존된 사원이다. 본당 옆 화랑에 120개의 불상과 벽감에 수천 개의 작은 불상이 있다.

○ **라오스 역사박물관**Lao National History Museum 프랑스로부터 식민 지배기의 독립 운동, 미국의 베트남과 라오스 침공, 1975년 공산당이 승리하기까지 근현대사의 역사적 기록물이 전시되어 있다. 전시 환경은 다소 실망스럽지만 현대의 라오스를 이해하는 데 많은 도움이 된다.

○ **코프 센터**COPE Visitor Centre 코프 센터는 베트남 전쟁에서 미국이 군수품 보급로를 차단하기 위해 라오스에 감행한 공중폭격이 현재까지 어떤 영향을 미치고 있는지 보여준다. 지금도 UXOUnexploded Ordnance, 미폭발물가 예상치 못한 장소에서 폭발해 무고한 사람들의 팔과 다리, 생명을 앗아가고 있다.

○ **메콩 강변 공원**Mekong Riverside Park 해질녘 메콩 강변 공원에는 산책을 나온 시민들이 많다. 한국과의 교류가 늘어나며 한국 건설 회사에서 메콩 강변 제방 시설 공사를 하며 공원을 조성했다. 공원에서는 태극기가 새겨진 기념비를 볼 수 있다.

돌아다니기

비엔티안은 걸어서 다니기엔 무리다. 자전거를 빌리거나 뚝뚝을 타는 게 좋다.

고장 난 자전거

애매하다. 비엔티안이라는 도시의 크기가. 가볼 만한 곳이 이곳 저곳 떨어져 있는데, 뚝뚝을 타기엔 가깝고 자전거를 타기엔 멀어 보인다. 또한 애매하다. 물에 물탄 듯 술에 술탄 듯 애매모호한 뚝뚝 기사들의 태도가. 물어볼 때마다 값이 다른 것이, 기분에 따라 부르는 건지 내 표정을 보고 부르는 건지 도무지 믿음이 안 간다. 아무래도 애매하다. 잘 가다가 뚝 끊겨버리는 길을 능숙하게 지나갈 수 있을지 못 미더운 내 자전거 실력이.

확실한 게 하나는 있다. 자전거 대여료가 하루에 1만 킵이라는 것. 1,200원쯤 되려나. 여기저기 둘러볼 것도 흥정할 것도 없이 딱 내가 원하는 가격이다.

여행에서는 순간의 선택이 미치는 영향이 비교적 단기적이다. 숙소 고르기는 2년짜리 전세 계약이 아니고, 교통수단을 고르는 것은 수천 만 원짜리 자동차 구매가 아니고, 우연히 동행하기로 한 이는 평생의 동반자가 아니다. 혹시나 잘못된 선택을 하더라도 하루 이틀만 견디면 되기에 여행자는 언제든 엉뚱하고 무모한 선택을 할 수 있다. 선택은 쉽고 단순해진다. 비엔티안에서 나는 자전거를 타고 여행하기로 했다.

1만 킵을 주고 자전거를 빌렸다. 땡볕 아래 길도 모르는 채로 자전거를 끌고 나섰다. 자전거 도로라고 할 만한 것도 없어 차도의 가장자리로 위태롭게 나아갔다. 자전거에 감을 익히느라 깨금발로 밀고 멈추기를 반복하며 두어 블록을 지났다. 그때까지 브레이크가 고장 난 것을 몰랐다. 왼손과 오른손으로 번갈아 주먹을 쥐었는데 바퀴가 멈추지 않고 매끄럽게 굴러간다. 자전거를 너무 오랜만에 타서 혹시 브레이크가 안장 밑에 달린 것을 까먹은 건 아닐까, 말도 안 되는 추측을 해보다가 결국 브레이크가 고장 난 것을 인정해야 했다. 그렇긴 해도 절망적인 상황은 아니었다. 비엔티안은 대체로 평지이고, 기어가 없는 자전거는 아무리 밟아봐야 속도가 나지 않으니까. 게다가 오른쪽 엄지손가락만 까딱하면 소리가 쩌렁쩌렁한 벨을 1초 만에 울릴 수도 있다.

두 블록 넘게 달려온 길을 돌아가는 게 귀찮다는 이유로 하루 동안 고장 난 자전거와 동행하기로 했다. 브레이크가 고장 나긴 했지만, 둥근 두 바퀴는 매끈하게 닦인 길을 달려 나를 사원으로, 박물관으로, 강변으로 데려다주었다. 해가 질 무렵까지 메콩 강변을 달리며 선선한 바람을 온몸으로 맞았다. 바람이 마음을 깨끗하게 씻어주는 것만 같다. 자전거를 세워놓고 메콩 강 건너로 노을이 붉게 물들다가 사그라지는 모습을 지켜본다.

♦ 비엔티안에서 자전거 빌리기: 걷기는 무리다. 사실 땡볕에 자전거도 무리이긴 하다. 그래도 예산이 빠듯한 여행자라면 바가지를 쓰고 뚝뚝을 타기보다는 저렴하게 자전거를 빌려 타는 것을 추천한다.

비엔티안 곳곳에 자전거 대여점이 많고 가격도 싸다. 해가 기울어질 무렵에는 자전거만한 게 또 없다. 선선한 바람이 부는 강변을 따라 자전거로 달려보자.

어둑어둑해질 무렵 자전거를 반납하러 대여점으로 돌아갔다. 주인은 문 닫을 채비를 하고 있다. 나는 자전거를 반납하며 양쪽 브레이크가 모두 고장 났다고 알려주었다. 불평은 아니고 기회가 되면 고치는 게 좋을 것 같아서 말을 꺼낸 것이다. 그런데 그녀는 이미 알고 있다며 태연한 표정으로 왼쪽 브레이크를 꽈-악 쥐면 된다고 말한다.

혹시 비엔티안에서 빌린 자전거의 브레이크가 고장 난 것 같다면 왼손을 꽈-악 쥐어보길 바란다. 그 자전거를 타고 한나절 여행을 다녔을 어리숙한 여행자를 떠올리며.

맨발로 거닐다

햇살이 창문 틈으로 새어든다. 삐거덕거리는 침대에서 내려와 기지개를 켜며 주위를 둘러본다. 한 번도 가본 적은 없지만 왠지 부랑자들을 위한 시설이 이런 모습일 것만 같다. 내가 묵고 있는 12인실 도미토리 이용료는 하룻밤에 3천 원 남짓이다. 두세 군데 숙소를 기웃거렸는데 방이 없어서 허탕을 치고서 겨우 구한 숙소였다. 불평할 처지가 아니었지만, 딱 하나 불평을 해보겠다.

지저분한 걸로 치면 길바닥이나 다름없어 보이는데, 주인은 그 나름의 깔끔을 떤다고 실내에서 신발을 신지 못하게 했다. 그런다고 방이 더 깨끗해지는 것도 아니고 발만 더 더러워질 뿐인데.

숙소에서 아침을 먹다가 만난 스위스인 아론과 나는 신발과 맨발에 대해 토론했다. 그는 실내에서 맨발로 다니는 아시아 문화가 낯설다고 했다. 반대로 나는 처음 미국에 갔을 때 프렌즈 시트콤에서처럼 사람들이 집에서 신발을 신고 다닌다는 사실에 무지 놀랐던 기억이 있다. 그 이상으로 아론은 숙소에서 맨발로 다녀야 한다는 사실에 미칠 지경인 듯했다.

비엔티안의 부랑자급 숙소에서 맨발로 거닐며 나는 왠지 모를 뿌듯함도 느꼈다. 서양인들처럼 맨발로 다니는 것을 지저분하다 느끼면서도, 동양인답게 그것이 몸에 배어 자연스러웠으니까.

♦ 배낭여행자의 신발: 배낭 여행자에게 적절한 신발은 배낭 못지않게 중요하다. 신발은 스포츠 샌들이나 운동화를 하나 준비하고, 숙소에서 신을 슬리퍼를 하나 준비한다. 운동화의 경우 배낭에 넣기 어려우면 산악용 클립으로 배낭에 매달고 다니면 좋다.

스위스 사람인 아론은 비엔티안에 오자마자 코프 센터에 다녀왔다고 했다. 그는 좋았다거나 싫었다는 말 대신, 인상 깊었다는 표현을 썼다. 그와 이야기하는 내내 그는 감정을 드러내며 단정 짓기보다는 객관적인 자세로 감정적인 평가를 유보했다. 네가 가보고 싶으면 가고, 네가 느끼고 싶은 대로 느끼라는 듯이.

여행하며 만난 스위스 사람들이 대개 그와 비슷했다. 그들의 애매모호한 표현과 중립적인 태도에 나는 늘 답답했다. 그래서 좋다는 거야 싫다는 거야, 기면 기고 아니면 아닌 거라고 따져 묻고 싶은 마음을 여러 번 꾹 눌러 참아야 했다. 어쨌든 그가 던진 '인상 깊었다'는 미끼에 걸린 나는 코프 센터에 가보기로 했다.

코프 센터는 미폭발물UXO의 갑작스러운 폭발로 피해를 입은 사람들을 돕기 위해 만들어진 비영리 단체다. 베트남전이 한창이던 1960년대, 미국은 베트남을 고립시키기 위해 라오스 중남부에도 공중 폭격을 감행했다. 1964년부터 1973년까지 라오스 영토에 60만 번에 이르는 폭격이 있었다고 한다. 달리 말하면 10분에 한 번씩 어딘가에서 폭격이 일어났다는 것이다. 폭격은 라오스를 지뢰밭으로 만들었다. 라오스 영토 곳곳에 퍼진 죽음의 씨앗은 반세기가 넘도록 무고한 사람들의 팔과 다리 그리고 생명을 앗아가고 있다.

코프 센터에 들어서면 이미 폭발이 끝난 '안전한 폭발물'로 만든, 설치 예술이 전시되어 있다. 완벽이나 완전을 믿지 않는 나는, 그 중 하나가 언제 폭발하지 모른다는 생각에 전시를 보는 내내 뒷덜미가 서늘했다.

전시는 미폭발물의 폭발로 무고한 사람들이 어떤 피해를 입었는지, 사고 후에 어떤 삶을 살고 있는지 생생하게 보여주었다. 시골 아낙이 평소처럼 아궁이에 불을 때며 저녁을 짓던 중에 아궁이 아래 묻혀 있던 미폭발물이 열과 압력을 이기지 못해 터지는가 하면, 전쟁 유물을 가져다 팔면 돈이 된다고 믿는 아이들이 겁 없이 무기 조각들에 손을 뻗다가 목숨을 잃기도 했다.

폭발물에 큰 부상을 입은 한 아이의 부모는 애타는 마음으로 여러 병원을 전전했지만, 작은 마을의 병원에는 산소도, 수혈 받을 피도 없었다. 아무것도 해줄 수 없는 부모는 결국 어린 아들을 집으로 데려와 서서히 죽어가는 모습을 지켜봤다고 고백한다. 'No oxygen, no blood'라는 자막과 함께 눈물을 떨구는 부모의 모습이 겹친다.

태국을 떠나 라오스에 간다고 했을 때 엄마는 지뢰를 조심하라고 했다. 요즘이 어떤 세상인데 지뢰 얘기를 하냐며 흘려들었던 나는 멍청하고 무지했다. 요즘 세상이 어떤지 모르는 건 엄마가 아니라 바로 나였다.

라오스의 좁고 험한 도로 위를 달리며 나는 마음속으로 불평했었다. '이 나라는 왜 이렇게 부실한 도로 하나만 달랑 만들어놓은 걸까? 이러니 물자도 사람도 이동하기 어렵잖아. 왜 발전을 위해 노력을 안 하는 거지?'라고. 무지한 나는 더딘 발전을 게으름의 산물이라고 어림짐작했을 뿐 전쟁의 잔재가 아직도 이들의 미래를 가로막고 있다고는 생각지도 못했다. 라오스 사람들에게 폭발 사고로 팔과 다리를 잃는 것은 기억해야 할 역사가 아닌 잔인한 현실이고 암울한 미래이다.

여행자들은 어쩌면 조상들이 저지른 잘못에 대한 빚을 갚기 위해 이곳에서 그토록 바가지를 쓰며 다니는 건지도 모르겠다. 나는 미동맹국에서 온 국민으로서 마음의 무게를 덜고자 도네이션 박스에 하루치 방값을 기부하고 나왔다. 그것 말고 달리 할 수 있는 일은 이 글을 쓰는 것뿐이다.

♦ 비엔티안: 비엔티안은 1953년 라오스의 수도가 되어 정치와 경제의 중심지 역할을 하고 있다. 불교 사원인 파 탓 루앙과 국립박물관, 코프 센터 등 역사적으로 의미 있는 명소가 많다. 비엔티안을 에둘러 흐르는 메콩 강은 태국과의 국경선이기도 하다.

태국의 침략과 프랑스 식민지, 일본 점령기 등을 거치며 전쟁의 아픔과 상흔을 간직하고 있지만, 프랑스 통치 시기에 복원 사업을 통해 비교적 문화유산이 잘 복원되고 보존되고 있다. 급속한 개혁과 개방 정책으로 변화를 겪고 있지만 여전히 소박하고 느린 삶의 태도를 느낄 수 있는 곳이다.

♦♦ 코프 센터 : 코프 센터 는 '인상 깊은 곳' 정도가 아니라 '꼭 가봐야 하는 곳' 이다. 라오스를 이해하고 살아 있는 역사를 만날 수 있다. 그 어떤 이유에서라 도 전쟁은 부당하다는, 반 전주의자가 되어 걸어 나오 게 될 것이다. 쿠비엥 거리 Khouvieng Road에 위치하며, 월~일요일 오전 9시부터 오후 6시까지 무료로 관람 할 수 있다.

○ 코프 센터 홈페이지
www.copelaos.org

어느 열여덟 살

뜨거운 볕이 내리쬐는 정오, 불교 사원을 구경하고 나오는 길. 까무잡잡한 피부에 강아지처럼 경계심 어린 눈빛을 한 수도승과 눈이 마주쳤다. 그와 나는 서로를 외계인 보듯 빤히 쳐다보았다. 먼저 입가에 미소를 띠며 경계심을 푼 것은 그였다. 나무 그늘 아래 앉아 있던 그는 내게 옆으로 와서 앉았다 가라고 손짓했다. 그와 나란히 벤치에 앉아 짧게 몇 마디를 주고받았다.

그는 열여덟 살이고, 이름은 밧○○○라고 했다. 그는 여러 번 이름을 말했지만 나는 제대로 발음하지 못했다. 그는 그냥 밧이라고 부르라고 했다. 그는 낯선 나라에서 온 내가 신기하고 궁금했는지 서툰 영어로 이런저런 질문을 던졌다. 이십대 후반의 나이에 결혼도 하지 않고 일 년 가까이 여행하고 있다는 사실을 알자 그는 다시 나를 외계인처럼 바라보았다. 나는 가능한 한 사람다워 보이려 노력하며 미소를 지었다.

◆ 라오스의 종교: 라오스에는 국민의 90퍼센트가 불교를 믿는다. 종교로서든, 삶의 철학으로서든, 라오스는 승려에 대한 사회적 지위가 높다. 소년들은 승려가 되기 위해서 출가하기도 하고, 가난한 환경을 벗어나 배움의 기회를 얻기 위해 출가하기도 한다.

나도 그의 수도승 생활이 궁금했지만 언어의 장벽은 우리에게 많은 대화를 허락하지 않았다. 바람이 이마에 맺힌 송골송골한 땀을 다 닦아줄 때까지 우리는 그렇게 앉아 있었다.

늦은 오후 메콩 강을 따라 펼쳐진 공원에 교복 입은 아이들이 무리를 지어 거닐고 있다. 여기가 비엔티안의 명동인가 싶었다. 라오스 고등학생은 다 모인 것 같다. 아이들의 교복이 얼룩덜룩 낙서로 가득하다. 활짝 웃으며 친구 옷에 낙서를 하는 아이에게 물어보니 오늘 고등학교를 졸업했단다. 우리가 밀가루를 뿌리며 그날을 추억하듯이 라오스에서는 친구의 교복을 롤링 페이퍼 삼아 응원과 작별의 인사말을 적어준다.

이제 막 자유의 세계에 발을 들인 열여덟 살 아이들의 웃음이 생기발랄하다. 생이 막 꽃봉오리를 피우는 아름다운 한때, 수수한 들꽃처럼 눈부시지 않아 마음 놓고 쳐다보았다. 부러움이 그득한 나와 눈이 마주칠 때마다 아이들은 수줍은 듯 미소 지었다. 낡은 교복 하나 달랑 걸쳤는데도 아름답고 싱그럽다. 당장 내일부터 뭘 하고 살아야 할지 모르면서 대책 없이 밝게 웃고 있다.

어쩌다 이렇게 되어버렸는지 모르겠지만, 나는 이제 서른을 코앞에 두고 있다. 몰라도 아는 척해야 하고, 눈빛이 아니라 눈치를 가져야 하는 나이. 그런 내 앞에 불쑥 나타난 라오스의 열여덟 살 아이들. 그들의 눈빛에는 맑고 투명한 호기심이 어려 있다. 모르면서 아는 척하는 약삭빠른 눈치 같은 것은 묻어나지 않는 눈빛.

순수하게 모르고, 그래서 순수하게 알고 싶어하는 그 눈빛이 가슴을 뒤흔들 만큼 부럽다. 나는 어느 길목에서 그 눈빛을 잃어버렸을까.

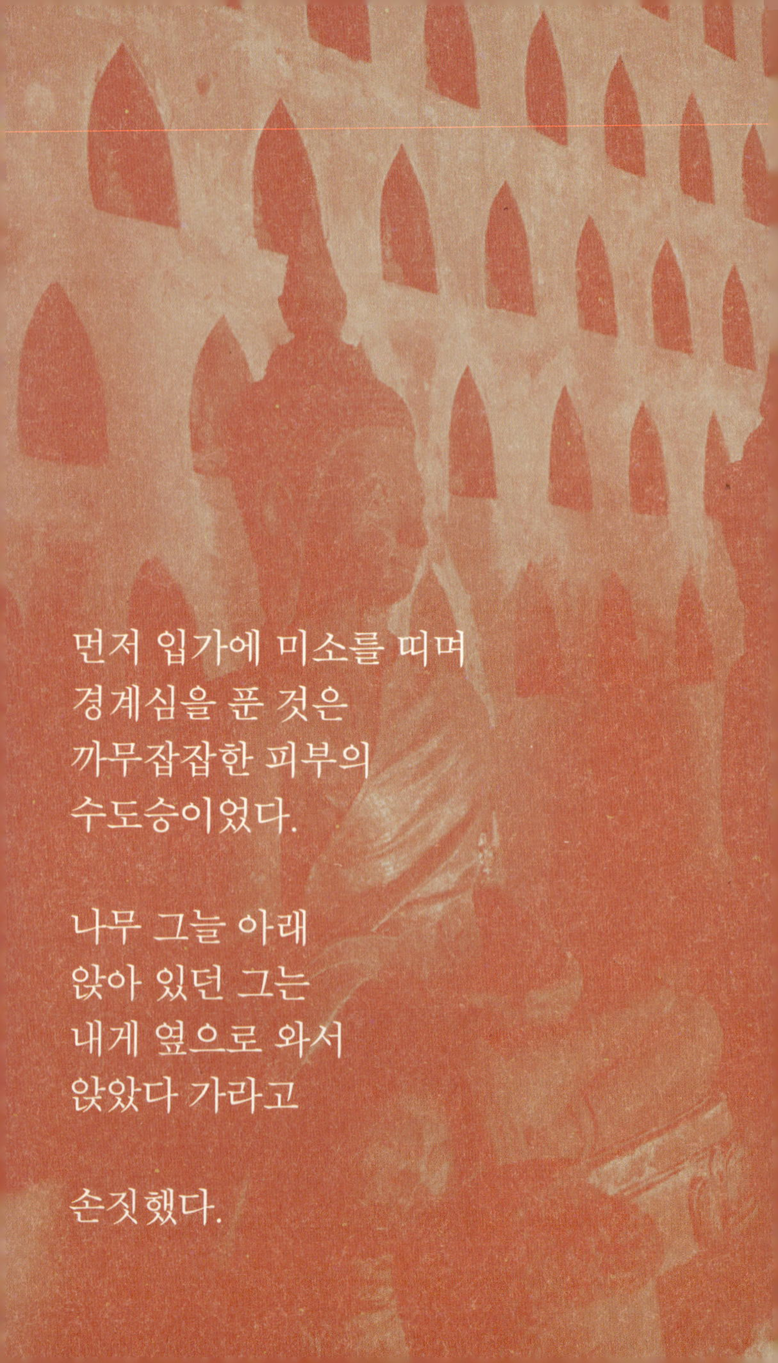

먼저 입가에 미소를 띠며
경계심을 푼 것은
까무잡잡한 피부의
수도승이었다.

나무 그늘 아래
앉아 있던 그는
내게 옆으로 와서
앉았다 가라고

손짓 했다.

바.람.이.
이마에 맺힌 송골송골한 땀을
다 닦아줄 때까지

우리는 그렇게
앉아 있었다.

어느 25일

25일은 월급날이었다. 한 달간 쌓여온 피로와 우울함이 위로를 받는 날. 매달 꼬박꼬박 월급을 받던 시절 나는 엄살처럼 돈이 없다는 말을 입에 달고 살았다. 돈이 없는 게 아니라 돈 쓸 시간이 없었을 뿐이지만. 야근과 주말 특근을 뛰며 바쁘게 사는 삶에 자꾸만 회의가 밀려들었지만, 애써 표정을 감추며 아침마다 출근을 했다. 매달 25일을 기다리며.

라오스를 여행하며 나는 백수 1주년을 맞이했다. 고정된 수입이 없는 여행자의 가장 절친한 친구, '가난'과 함께. 언제부터인가 가난과 둘도 없는 친구가 되어 딱 붙어 다녔다. 가끔은 그놈의 가난이 지긋지긋해서 근사한 곳을 기웃거리기도 했지만, 결국은 마음 편한 가난 옆으로 슬그머니 돌아왔다. '여행자의 가난'이 '일상의 가난'과 다른 점이 하나 있다면, 이른바 '먹고사니즘'에 짓눌린 푸념 대신 그래도 잘 아끼면 몇 달은 더 여행할 수 있다고 안도의 한숨을 내쉴 수 있다는 것이다. 굶거나 노숙하지 않을 수 있다면 배낭여행자로서 견딜 만한 가난이니까.

♦ 장기 여행 비용: "일 년쯤 여행하려면 돈이 얼마나 들어?"라는 질문을 종종 받곤 한다. 그 질문 앞에 나는 언제나 머뭇거린다. 마치 1백 년쯤 살려면 돈이 얼마나 드느냐 묻는 것과 비슷한 질문 같아서.

여행하며 총 얼마의 돈을 썼는지는 한 번도 계산기를 두드려본 적이 없다. 다만 1년 반 동안 열심히 모은 월급과 퇴직금이 고스란히 담겨 있는 통장 하나가 내 전 재산이었고, 그것으로 열 달(유럽 여덟 달, 아시아 두 달)을 여행하고 돌아와 넉 달을 백수로 살았다. 그리고 통장 잔고가 15만 원쯤 남았을 때 다시 직장을 구했다.

세상 물정 모르는 소리처럼 들릴 테지만, 내게는 호화스러운 일상보다는 고생스러운 여행이 왠지 더 낭만적이다. 일상은 여행을 부러워하지만, 여행은 일상을 부러워하지 않으니까. 이따금 그리워만 할 뿐.

아무런 수입이 없는 백수 생활이 언제까지나 지속가능한 것은 아니다. 언젠가 다시 일상의 페달을 부지런히 밟아야 하는 날이 돌아올 것이다. 떠나 있던 공백을 메우기 위해 어쩌면 더 열심히, 더 힘겹게. 통장 잔고를 보아하니 그날이 예상보다 더 빨리 올 것 같다. 하지만 끝이 있다는 것을 알기에 지금의 백수의 삶은 신나게 즐길 법한 일탈이 된다.

백수가 된지 일 년, 비로소 투덜거리지 않고 만족할 수 있는 25일이 찾아왔다. 지나온 24일을 위로할 필요가 없이 조용히 미소 짓는 25일.

분홍 아저씨

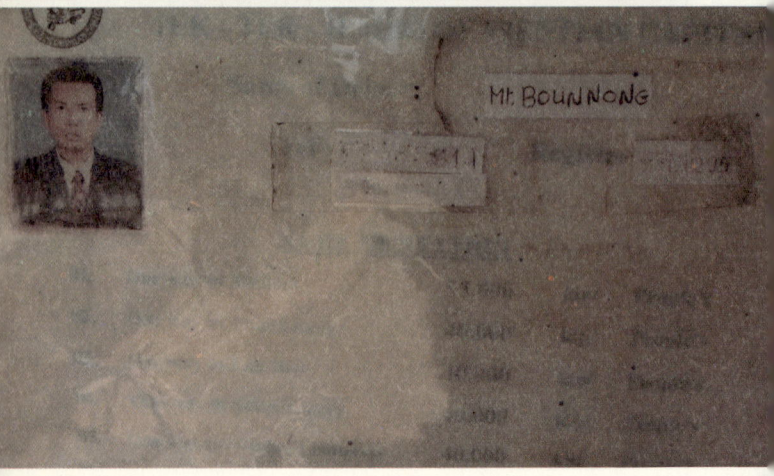

저녁 비행기를 타기까지 시간이 꽤 남아 있었다. 마지막으로 파 탓 루앙 사원을 들렀다가 공항에 가고 싶었다. 수중에 있는 라오스 돈은 5만 킵이 전부였다. 뚝뚝 기사는 6만 킵을 불렀지만 나는 가진 거라곤 5만 킵이 전부라고 주머니를 뒤집어 보여주며 흥정을 했다. 그는 어쩔 수 없다는 표정으로 내게 뒷자리에 올라타라고 했다.

파 탓 루앙을 향해 달리며 볕에 그을린 그의 목덜미를 바라보았다. 그러다 빛바랜 그의 면허증으로 눈길이 갔다. 그의 이름은 미스터 분농. 멋대로 '분홍 아저씨'라고 부르기로 했다. 파 탓 루앙 사원으로 향하기 전 그의 이름을 부르자 그는 하얀 이빨을 드러내며 활짝 웃었고, 내 이름을 물었다. 우리는 함께 사진을 찍었다. 내 휴대폰으로 한 장, 그의 휴대폰으로 또 한 장. 그는 내게 천천히 사원을 둘러보고 오라고, 배낭을 지키며 기다리겠다고 했다.

느긋하게 사원을 둘러보고 나와서 그와 헤어졌던 곳으로 돌아왔다. 갓길에는 고만고만한 뚝뚝 몇 대가 손님을 기다리고 있다. 뚝뚝 기사들이 다가와 내게 어디로 가냐고 물었고, 나는 고개를 절레절레 흔들며 분홍 아저씨를 찾았다.

♦ 비엔티안의 황금사원, 파
탓 루앙: 파 탓 루앙은 라오
스의 수도 비엔티안의 상징
으로 여겨지는 불교 사원으
로 라오스의 지폐에도 새겨
져 있다. 황금색 부처의 사
리탑이 45미터 높이로 솟
아 있다.

3세기 처음 세워진 이래 13
세기와 16세기 증축을 하
며 현재와 같은 건물이 세
워졌고, 19세기 태국의 침
공으로 무너졌지만 이후 재
건되었다.

그런데 그가 안 보인다. 문득 드디어 올 것이 왔다고 생각했다. 믿는 도끼에 발등 찍힌다더니, 그렇게 친절할 때 알아봤어야 했나보다. 그런데 내게는 그와 함께 찍은 사진이 있지 않은가. 게다가 그의 이름까지 알고 있다. 경찰에 신고하면 잡을 수 있지 않을까. 경찰서가 어디 있을까, 아니 그보다 라오스에 경찰서가 있긴 한 걸까. 가방에 뭐가 들었더라. 지금, 어디로 가서 무엇을 해야 할지 몰라 발걸음을 뚝 멈추었다.

"예다!"
등뒤에서 내 이름이 들려온다. 돌아보니 분홍 아저씨가 이리 오라고 손짓하고 있다. 우리가 헤어진 곳에서 조금 떨어진 곳에 뚝뚝을 세워놓고 있었나보다. 그늘을 찾아 뚝뚝을 세워놓고 하염없이 내가 돌아오기를 기다렸을 그의 어수룩한 얼굴을 보니, 다짜고짜 의심을 품어버린 게 미안해져 민망한 마음으로 뚝뚝에 올라탔다.

목에 걸린 나사못을 빼내려는 듯 쿨럭쿨럭 기침을 하던 모터가 이내 제 호흡을 되찾았다. 시원한 바람을 맞으며 공항으로 향했다. 그가 나를 공항에 내려주었을 때, 나는 약속했던 5만 킵에 태국 돈 10바트를 얹어 그에게 내밀었다.

내 여행은 어리석다. 열심히 흥정해놓고 이렇게 퍼주고 만다. 그러고는 공항에서 쫄쫄 굶으며 안 해도 될 고생을 사서 한다. 무턱대고 사람을 의심하기도 하고, 덥석 믿어버리기도 한다. 비록 손해만 본다 하더라도, 앞으로는 조금 더 믿고 조금 더 속아주고 싶다. 여행자라면 마땅히 그래야 하는 게 아닐까.

◆◆ 왓타이국제공항: 시내에서 공항에 가는 길은 들판을 가로지르며 탁 트여 있어 시원하다. 왓타이국제공항Wattay Airport은 라오스답게 자그마하다. 국제선이라도 1시간 반 전에 도착하면 넉넉하게 비행기에 오를 수 있다. 시내에서 공항까지 뚝뚝은 5만 킵 내외로 흥정이 가능하다. 비엔티안에서는 인천으로 가는 직항 항공편이 있다.

곱짜이 라이라이

세계 최빈국이라는 타이틀을 가진 라오스를 여행하며 나는 가난에 대해 곱씹어 생각했다. 가난이 비참한 것이라 믿었던 내 눈에 비친 라오스 사람들의 삶의 모습은 그리 비참해 보이지 않았다. 좋아 죽겠다는 듯이 웃진 않았지만 미소가 입가에 묻어났다. 불상처럼 아주 희미한 듯 편안한 미소. 그들은 삶에 화내지 않는 사람들이다.

라오스 사람들은 나눌 것이 있어서 부족함을 모르는 듯했다. 셈을 잘하는 사람은 가진 게 많은 삶을 살겠지만, 나눌 줄 알고 기뻐할 줄 아는 사람은 언제 어디서라도 마음만은 부유할 것이다. 수도승에게 매일 아침 시주하는 사람들도, 사원을 구경하며 뙤약볕에 지친 여행자에게 잠시 쉬어가라고 그늘을 내어주는 수도승도, 독립군을 위해 없는 형편에도 먹을 것을 모아주는 역사 속한 장면에서도, 그들은 선하게 자신의 것을 내어준다.

단순함과 소박함을 마주할 때마다 나는 늘 한참을 서성거린다. 라오스에서 여행이란 성취하고 달성해야 할 목표가 아니라 그 순간에 머무는 것이 된다. 뒤처진다는 불안감에 따라가려고 안간힘을 쓰지 않고, 서성거리며 가만히 지켜볼 수 있는 풍경들. 라오스에서의 시간이 소중하다. 라오스를 떠나며 잊을 수 없는 말을 되뇐다. 곱짜이 라이라이. 고맙고 또 고맙습니다.

♦ 가난하지만 행복한 나라: 라오스라는 이름 앞에 단골처럼 붙는 수식어가 있다. 세계 최빈국. 막상 라오스에 가보면 부와 가난이란 결국 상대적이라는 것을 알게 된다. 그들은 그저 우리보다 가난할 뿐이지, 가난 자체로 그들의 삶을 정의내릴 수는 없다는 것을. 가난하면 가난한 대로 그들은 행복하다는 것을.

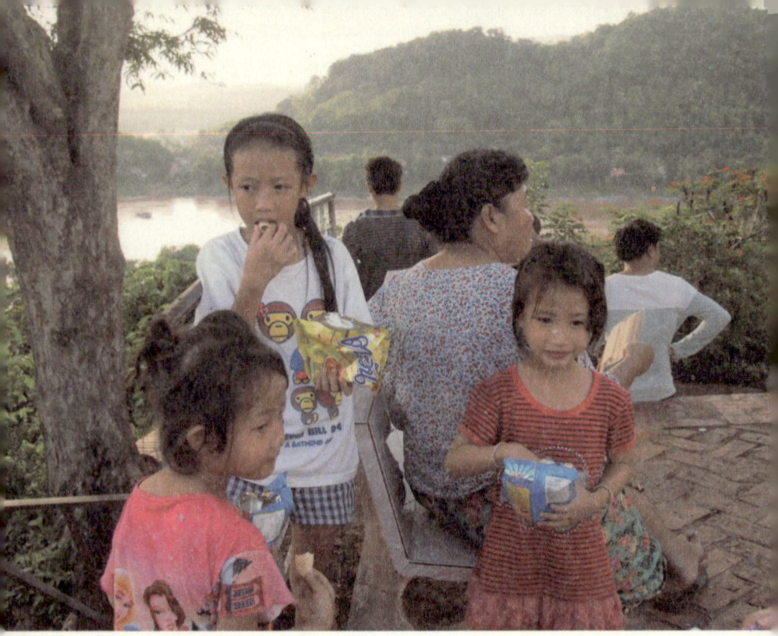

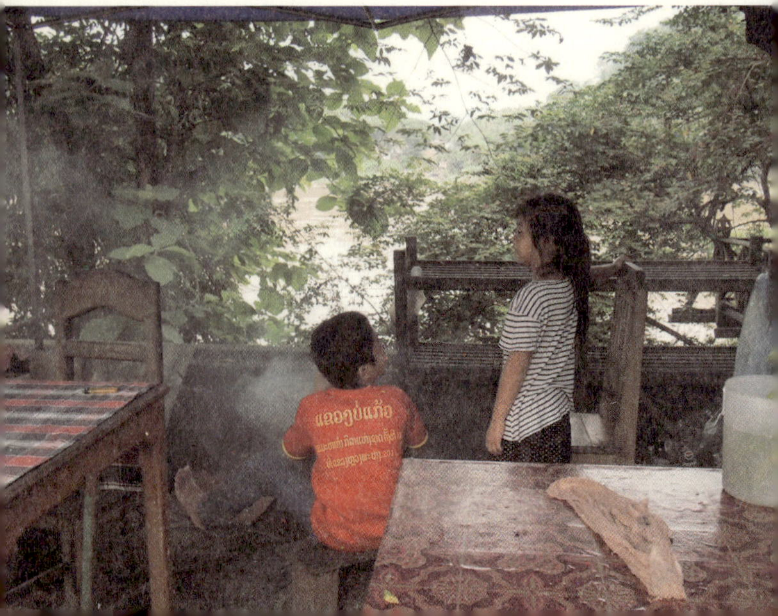

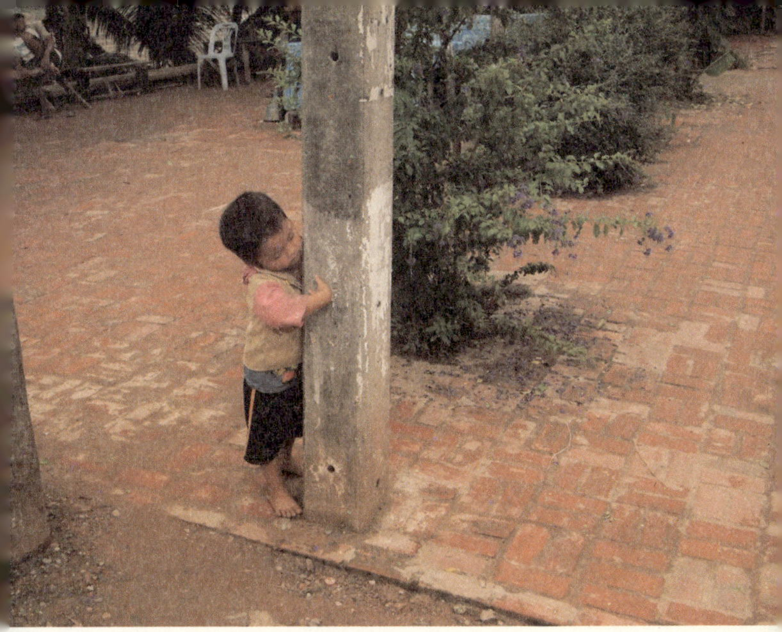

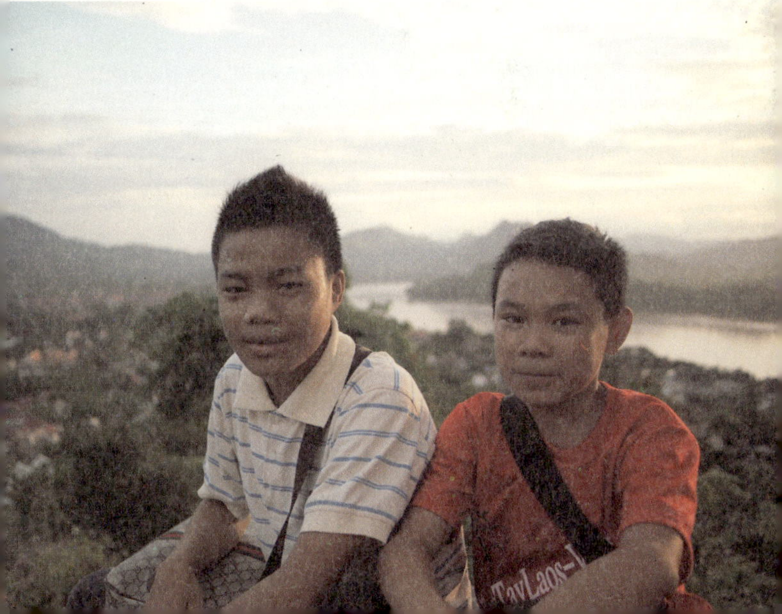

에필-
로그

Epilogue

"그때는 내 나이가 많은 줄 알았어.
그런데 지금은 내 나이도 어린 것 같아."

당연한 얘기지만, 2년 전 나는 지금보다 두 살이나 어렸다. 우습지만 그때는 한 치의 오차라도 생기면 공들여 쌓아온 삶이 와르르 무너져내릴 것만 같아 두려웠다. 무엇이든 조심해야 한다고 생각했는데, 살면 살수록 조심해야할 것들이 늘어나 꼼짝할 수 없을 것 같았다. 답답했다. 문득, 공들여 쌓아서 뭐하나, 싶은 마음에 내 손으로 모두 와르르 무너뜨려버렸다. 시원했다. 그동안 쌓아왔던 탑을 무너뜨린 대가로 앞으로 인생을 멋대로 허술하게 쌓아갈 자유를 얻었으니까.

긴 여행을 하며, 나이에 대한 나의 감각은 몸무게처럼 부풀었다가 줄어들기를 반복했다. 가끔은 이제 먹을 만큼 먹었다고 생각했고, 가끔은 아직 갈 길이 멀었다고 생각했다. 여행을 마치고 돌아와 글을 쓰며 나는 전보다 한참이나 어려졌다. 왜 그런지 모르겠지만, 그렇다고 생각했다. 여행의 시간과 일상의 시간은 속도도 다르거니와 감도나 밀도가 아주 달랐기 때문이다. 여행하며, 어디선가 시간의 감각을 잃어버린 나는, 그렇게 영영 되찾지 않고 영영 잃어버린 채로 살아도 될까, 가끔 생각한다.

처음 듣는 낯선 이름의 도시를, 거리를, 동네를 헤매고 다녔다. 돌아온 나는 여전히 낯선 감정을, 생각을, 시간을 헤매고 다닌다. 한참이나 길을 잃었던 나는, 더이상 길을 찾으려 애쓰지 않는다. 여전히 '가고 싶다'는 아련한 말과 '꼭 갈 거야'라는 다부진 말 사이에 마음은 갈피를 잡지 못하고 비틀거린다. 가고 싶다는 말도, 꼭 갈 거라는 말도, 지켜야 할 의무가 없는 공수표와 같아서 언제까지나 남발하겠지, 생각한다.

긴 여행으로부터 돌아온 마음에는 그리움이 그득 묻어 있다. 시간에 대한 그리움, 장소에 대한 그리움, 사람에 대한 그리움. 그때 그 장소에서 그 사람과 어울렸던 나에 대한 그리움. 그 모든 그리움을 담아 한 권의 책을 엮었다.

2015년 여름을 앞두고
예다은

◆ Thanks note

좋았던 한 시절이 한 권의 책에 담기도록 애써주신 윤동희 대표님, 김민채 편집자님, 북노마드 식구들 진심으로 고맙습니다. 아무리 멀리, 아무리 오래 떠나도 언제나 그 자리에서 한결같이 기다려주는 가족들에게도 감사와 사랑을 전합니다. 부족한 글이 한 권의 책이 되기까지 아낌없는 응원과 격려를 보내준 나의 연인에게도 고마운 마음을 전합니다.

서툰 발걸음을 부축해준 짧은 인연들에게도 닿지 못할 그리움을 전합니다. 지구 저편 언저리를 서성이며 때로 외로워했던 내게, 시간을 함께 보내지 못하더라도 마음속 한 자리를 지켜준 친구들, 고맙습니다. 너그러운 우정에 나는 언제나 빚을 진 듯 미안한 마음입니다. 긴 여행이 끝나고 연이 닿은 회사에서 즐거이 안착할 수 있도록 도와준 동료 분들, 한 분 한 분 고맙습니다.

무더운 여름을 지나 코끝 시린 겨울이 올 때까지, 매일 따뜻한 커피가 차갑게 식을 때까지, 한참의 시간을 보낸 카페 오픈앨리에도 감사의 인사 전합니다. 저의 첫 책을 받아보시고 새 음반을 가장 먼저 들려주신 '좋아서 하는 밴드'에도 감사합니다. 블로그를 통해 항상 응원해주시는 독자 분들께도 진심으로 감사의 인사를 전합니다.

PEJABAT POS BESAR
KWANT TI TEMPLE
SRI MAHA MARIAMMAN
TEMPLE DHEVASTHANAM
MASJID
IBUPEJABAT POLIS TRAFIK

LIFE IS EITHER A DARING ADVENTURE

OR NOTHING

북노마드